JN123693

LE PETIT LIVRE DE LA FRANCE GOURMANDE

ちいさな手のひら事典

フランスの食卓

LE PETIT LIVRE DE LA FRANCE GOURMANDE

ちいさな手のひら事典

フランスの食卓

ディアーヌ・ヴァニエ 著

ダコスタ吉村花子 翻訳

8_Les Salades.

目次

VÉRITABLE EXTRAIT DE VIANDE LIEBIG

MENU.

Potage aux choux-fleurs.

Bouchées aux crevettes.

✳ Entre-côte champignons.

Jambon. Epinards.

Perdreaux. Compote de pêches.

Tarte feuilletée aux confitures.

Dessert.

✳Voir au verso

美味なるフランス

——————————

　2010年にユネスコの無形文化遺産に登録されたフランスの
美食術（ガストロノミー）は、フランスという国のアイデンティティを構成する一部
です。遺産といっても、食は生きた遺産です。地理的条件から
ヨーロッパ文化が交差するフランスは、四季の変化を映し出す
気候と肥沃な土壌に恵まれ、複数の海に面し、珠玉の郷土料
理を生み出すあらゆる条件がそろっています。と同時に、何世
紀もかけて旅行、戦争、植民地政策を通じて外国文化と接触
することで、料理遺産は豊かさを増しました。

現代の大物シェフから……

　もっとも名の知れた大物シェフの一人、オーギュスト・エスコ
フィエは、1903年に『エスコフィエ フランス料理』で現代料理
の基本と技術を網羅、体系化し、ポール・ボキューズ、トロワグ
ロ兄弟、ジョエル・ロブション、ジャック＆アンヌ＝ソフィー・ピッ
クなど、多くの名シェフがこれを継承してきました。今日（こんにち）、彼ら
はフランスの美食術（ガストロノミー）の根幹を成し、星付きシェフの名はフラン
スの食文化と分かちがたく結び付いています。冷蔵保存、加熱
殺菌、テンサイからの糖分抽出、ガス調理、鉄道発達による食
品輸送、電気など、この2世紀における技術面での大イノベー
ションにより、料理の世界にも革命が起きました。しかしそれ以
前も、料理人は創意工夫を凝らして、その時代で使いうるあら
ゆるものを利用してきたのです。

——————————

……かつての料理の達人まで

　中世の料理熱には目をみはるものがあります。当時、客人を豪勢な料理でもてなすことは権力と富の象徴であり、偉大なシェフたちは代わる代わるフランス国王のもとで腕を振るいました。ヴァロワ朝のフィリップ6世、シャルル5世、シャルル6世に仕えたタイユヴァンことギヨーム・ティレルが記した初めての料理本『ヴィアンディエ（食物譜 Le viandier）』も、このことを物語っています。メートル・シカール、ランスロ・ド・カストーによる料理概説本には、当時の調理法が記されており、苦みと甘みの組み合わせやブドウ果汁とスパイスをベースとした酸味のあるソースを重視した嗜好がうかがえます。ルネサンス時代、のちにアンリ2世妃となるカトリーヌ・ド・メディシスがイタリアから輿入れし、フランスの美食術はフィレンツェの影響を受けて豊かになりました。イタリアの技術は、それまで顧みられなかったペストリーや糖菓を進化させました。この時代、ノストラダムスことミシェル・ド・ノートルダムが『ジャム論（Traité des confitures）』を記し、数々の著名な作家たちも食道楽をたたえる作品を残しました。その一つが、ラブレーの『ガルガンチュワとパンタグリュエル』です。同じ頃、ヨーロッパから出航した船が、アメリカからトマト、ジャガイモ、トウモロコシ、インゲンマメ、トウガラシ、砂糖、カカオを持ち帰りました。こうした目新しい食べ物の一部は瞬く間に人気を博しましたが、ジャガイモのように何年も経ってからようやく受け入れられたものもありま

す。17世紀、太陽王と謳われたルイ14世の菜園は、何もかもが桁外れのヴェルサイユ宮殿にふさわしく、豊かな美食術<ruby>ガストロノミー</ruby>を反映する場所でした。園を仕切るジャン・ド・ラ・カンティニーのもと、菜園は大きく発展します。ルイ14世もルイ15世も果物や野菜が大好きで、一年中食べたいと望みました。この転換期、ラ・ヴァレンヌ著『フランスの料理人』(1651年)をはじめとして、数々の料理本が記されました。当時の有名シェフにまつわるエピソードは多く残っており、ルイ14世を迎えての祝宴で、魚の到着が遅れたために自ら命を絶った料理長フランソワ・ヴァテールの話は有名です。18世紀には、より軽く、バラエティに富んだヌーヴェルキュイジーヌが登場し、脂肪分が高くて重いソースは顧みられなくなりました。そのため、伝統派シェフと革新派シェフの対立が起こります。1735年、英語版に続いてフランス語版『現代の料理人(Cuisinier moderne)』を刊行したヴァンサン・ラ・シャペルは革新派の一人です。フランス革命後、シェフたちはブルジョワの家で働いたり、新しくレストランを開いたりするようになり、フォワグラ、カキ、リ・ド・ヴォー〔仔牛の胸腺〕、トリュフなど最高級の食材が大いにもてはやされていました。またマリー・アレルが発明したカマンベールチーズも大変な人気を集めました。

話題の的

19世紀、偉大なるパティシエ、アントナン・カレームや、

ジュール・グフェ、ウルバン・デュボワをはじめとする料理人は美食術（ガストロノミー）の原理の確立に取り組み、美食術（ガストロノミー）は次第に科学としてとらえられるようになります。当時は料理文学やジャーナリズムが勃興した時期でもあり、美食家ブリア＝サヴァランの『美味礼讃』、小説家アレクサンドル・デュマの『デュマの大料理事典』など、美食術（ガストロノミー）を扱った大著が飛ぶように売れました。フランスならではのもてなし術は外交ツールとなり、有力者たちを魅了する武器となります。ナポレオンが大臣タレーランに下した「週に4度、36人分の夕食で人を迎えるのだ。美食でもてなせ」の指示には、美食で人を支配し驚嘆させる意図が隠されているのです。19世紀末になると、料理批評家──中でももっとも有名なのはキュルノンスキー──が、郷土料理を刷新します。フランス料理、より広く言えば、フランス的生活（アール・ド・ヴィーヴル）を楽しむすべは今なお、国境を越えて輝きを放っています。

フランスの朽ちることのない技巧

　古典から現代まで、フランス料理は偉大なる料理人たちにより、口承あるいは文書で伝えられてきました。贅沢かつ豪華でありながら、共有と飾り気のなさも重視され、食卓を囲む楽しみが追求されてきました。嗜好のグローバリゼーション、ジャンクフードやファストフードの進出にもかかわらず、食卓術（アール・ド・ターブル）と呼ばれる食文化がフランスの個性の一つであり続けているのには、こうした背景があります。これほど料理の風味の幅が広い

12

国は珍しく、フランス人にとって料理は情熱の対象と言っても過言ではありません。食道楽は食卓で幼い頃のおいしい食べ物にまつわる思い出を熱心に語り、おばあちゃんがかまどで作ってくれた、今ではもう忘れられた料理の味や、プルーストの小説『失われた時を求めて』に出てくるマドレーヌ談議に花を咲かせます。料理関連の本やテレビ番組の人気の高さからも、フランス人の料理への関心のほどがうかがえます。ゴールデンタイムにはリアリティショー的な料理番組が放送され、毎年100冊以上の料理本が発売されます。こうして様々なメディアが料理を学ぶ新たなツールになった理由の一つに、料理がかつてのように世代から世代へと家族の中で自然に受け継がれづらくなったことが挙げられます。現代では思いもかけない食材が使われ、ヌーヴェルキュイジーヌの調理法が変化をもたらし、分子調理法が用いられ、時に意外な食感が生まれることもあります。しかし、それでもなお食文化は伝統へと回帰し、受け継がれていくのです。

　本書では、様々な美食を絵葉書のように一枚、また一枚とめくりながら、フランスの美食の歴史をたどります。村、港、渓谷、平原、山々を訪ねる味覚の旅の始まりです。どの村や町でも、郷土料理を誇りにする人々が、広く愛されるレシピの秘密を守りつつ、歴史を伝説にまで高めています。そうした歴史は、時に料理の起源をも物語っているのです。

バリグール風アーティチョーク

ARTICHAUTS À LA BARIGOULE

　プロヴァンス地方発祥の料理です。バリグール（アカモミ茸）はチチタケ属の香り高いキノコで、塩、こしょう、オリーブオイルをふって炭火で焼いていました。その後、このキノコをフィリングしたり煮込んだりした料理を「バリグール風」と呼ぶようになりました。この料理もその一つで、現在では料理名は変わらないものの、バリグールは使われなくなり、アーティチョークが主人公の一品です。レシピでは、ハム、キノコ、ベーコン、タイム、パセリをアーティチョークに詰め、バターで炒めてから白ワインを投入し、トマト少々を加えて、ふたをして煮込みます。

　アーティチョークの流行はその他のいろいろな野菜やスイーツと同じく、16世紀のカトリーヌ・ド・メディシスとアンリ2世の成婚時にイタリアから持ち込まれたと言われます。王妃カトリーヌはアーティチョークの芯が大好物で、鶏のとさかや腎臓と一緒に食べていたそうです。

　その昔、アーティチョークは野菜というよりも、砂糖漬けにされてデザートとして食べられていました。消化にいいことから薬としても用いられていた一方、催淫効果が高いと考えられ、若い女性や「まじめな女性」は食べるのを禁じられていたそうです。さらに奔放の象徴ともされ、言い寄ってくる男性を拒まない女性は「アーティチョークの芯」と呼ばれました。萼をすっかり取り除くと、芯しか残らないからです。

ARTICHAUTS — Les centaines de mille d'artichauts qui entrent dans l'Usine Amieux-Frères à Paris sont, après cuisson, débarrassés de leurs feuilles qui n'ont pas d'emploi, car, seuls, les fonds sont, mis en boîtes et constituent une conserve très appréciée. La récolte a lieu en Septembre et Octobre (voir au verso).

SITUATION des 12 USINES AMIEUX FRÈRES
TOUTES EN FRANCE

☐ Régions approvisionnant les 12 Usines AMIEUX FRÈRES et produisant par an 18 millions de boîtes et flacons

■ Lieux de production des légumes cuisinés

アスペルジュ・オ・グラ

ASPERGES AU GRAS

　バター、肉汁エキス、こしょうベースのソースを添えたアスパラガスのサイドディッシュで、19世紀後半のレシピです。その昔、アスパラガスは貴族の食べ物で、17世紀にはパリ郊外アルジャントゥイユの丘陵で栽培されていました。ヴェルサイユの王の菜園の設立者ラ・カンティニーは、アスパラガス好きのルイ14世のために、一年中収穫が可能な栽培システムを確立しました。18世紀には、アカデミー・フランセーズに名を連ねる作家フォントネルと、彼の友人テラソン神父が、アスパラガスにはどのソースが適しているかをめぐり論争を繰り広げたとか。フォントネルはオイル派、テラソン神父はバター派でした。ある日神父が食事の直前に心臓麻痺のために落命すると、アスパラガスの半分をバターで、もう半分をオイルで調理するよう命じていたフォントネルは厨房に駆け込んで、「全部オイルで調理するように！」と叫んだそうです。

　19世紀にロワール渓谷、次いで南仏で栽培が普及すると、ブルジョワたちの間でも人気を博すように。それでもその後も長い間贅沢な食材であることに変わりはなく、洗練されたソースが添えられていました。新鮮なアスパラガスは、白身肉にも魚にもホタテ貝にもモリーユ茸（アミガサ茸）にも合います。さらにグラタンにしたり、ヴルーテ（p132参照）にしたり、オムレツの付け合わせやタルトの詰め物にしたりと、様々に楽しめます。

MENU.

Potage Julienne.

Croquettes de ris de veau.

Rosbif. Pommes maitre d'hôtel.

Asperges au gras

Salmis de pigeons.

Langoustes et salade.

Tyrolien vanillé.

Dessert.

ババ・オ・ラム

BABA AU RHUM

　フランスのビストロの代表的デザート、ババ・オ・ラムの起源をたどれば、クグロフにたどりつきます。クグロフは中世の頃から北欧や東欧各国で食べられていた発酵菓子で、ババ・オ・ラムの生みの親は、ルイ15世妃マリー・レクザンスカのパティシエ、ニコラ・ストレーです。妃の父で追放されたポーランド王スタニスワフがヴェルサイユに滞在中のある日、レーズンクグロフが新鮮ではないと不満をもらしたところ、ストレーは機転を利かせて、これにマラガ産のワインをかけてカスタードクリームを詰めました。すっかり満足したスタニスワフは、その時読んでいた本の主人公の名にちなんで、この新しいお菓子をアリ・ババと呼ぶことにしました。その後ワインの代わりにラム酒をたっぷりと使ったシロップがかけられるようになり、レーズンは使われなくなりました。1730年、ストレーはヴェルサイユを去り、パリのモントルグイユ通りにパティスリーを開店します。この店は現在でも営業していて、店の名物ババ・オ・ラムはパリ一番の味と評判です。

　19世紀、パティシエのジュリアンはババ・オ・ラムにヒントを得て、丸いババを作り、窪みの部分に生クリームと砂糖漬けフルーツを詰めました。このお菓子は18–19世紀の偉大なる食通の名にちなんでブリア＝サヴァランと命名され、現在ではサヴァランと呼ばれています。

ビスケット
BISCUITS SECS

　サブレ、パレ〔小さな丸いクッキー〕、ガレットなどバターを使ったビスケット類はもともと穀物を煮てしぼったもので、その起源ははるか新石器時代にさかのぼります。時代が下った古代エジプトやギリシャでも、穀物を使った厚くて平たいガレットが作られていましたが、大きな違いはかまどで焼かれていたことです。中世の「ベスクイス（besquis）」は「2度焼き」の意で、プチパンの一種です。のちにこの語が変化して、ビスケットやビスコットになりました。当時は「顔割り」を意味する「カッス・ミュゾー」とも呼ばれるほど硬かったのですが、格好の口実とばかり、人々はこれをワインに浸して食べていました。何世紀もかけて、パティシエは思う存分想像力を発揮し、実に多様な乾き物のお菓子が生まれてきました。アーモンド、レモン、チョコレート、コーヒーで香り付けされたビスケットは、より洗練されたお菓子のパーツとして使われます。シャルロットケーキ〔p42参照〕に欠かせないフィンガービスケットもその一つです。ビスケットがこれほど愛される秘密は、小麦粉、バター、砂糖、卵というシンプルで質の高い原材料の絶妙なバランスにあります。

　18世紀、ヨーロッパでは大量生産のビスケット工場が建てられ、フランスでは特に西部のナントとボルドー間の沿岸地域に集中していました。保存期間が長く、栄養があって、航海に持ち込むのに便利なビスケットは、船乗りたちから絶大な支持を得ました。現在でもブルターニュの塩バターガレットは、伝統とクオリティの代名詞として知られています。

ブッフ・モード
BOEUF MODE

牛肉、伝統的にはイチボ〔尻の先部分の肉〕を使った料理で、ニンジン、小タマネギ、湯がいて小さく切った仔牛の足と一緒に煮込みます。発案者フランソワ・ピエール・ド・ラ・ヴァレンヌは、1651年に有名な著書『フランスの料理人』でこのレシピを紹介しました。この本は現在知られている形式の料理本としてはごく初期のもので、誰でも作れるよう、レシピが細かく紹介されています。ラ・ヴァレンヌは調理技術を解説し、クローブを刺したタマネギを煮込みに入れることやブーケガルニの作り方など、それまでにない新しいポイントも積極的に紹介しました。彼はフランス中央部、シャロン＝シュル＝ソーヌの地方総督ユクセル侯爵の料理人として10年間務めましたが、中世の料理と完全に決別して現代的なフランス料理を提唱したこの本は大成功を収め、1815年までで実に200版を超えました。中でも抜群に有名なこのレシピにちなんでパリに開店したレストラン、ブッフ・ア・ラ・モードは、1792年にこの料理を店のシンボルとし、当時流行のドレスをまとったシャロレー種の牛を飾りました。レシピは時代に合わせて手を加えられ、現在でも「ブッフ・モード」と呼ばれています。ブッフ・キャロット〔牛肉とニンジンの煮込み〕、ブッフ・ブルギニョン〔ブルゴーニュ風牛肉の煮込み〕、ブッフ・アン・ドーブ〔蒸し煮〕など、いずれもブッフ・モードから派生した牛肉の煮込み料理で、季節の野菜が使われます。

BŒUF MODE

ブーダン・ノワール
BOUDIN NOIR

　　豚の血と脂肪をタマネギと混ぜたブラッドソーセージです。中身をケーシング（ソーセージの皮膜）に充填してから加熱、冷却します。すでに中世の居酒屋でもサービスされていた料理で、現在知られているシャルキュトリー〔豚肉加工食品〕としては最古のものの一つです。豚をしめるときに作られていて、農村部では伝統的に女性の仕事とされていました。フランスの作家エミール・ゾラの『ムーレ神父のあやまち』には当時の様子が詳細に綴られていますが、女性が豚の血を攪拌する細かな描写からは、手のかかる作業への感銘が伝わってきます。

　　「卑しい」料理とは、臓物料理や、低く見られがちな料理を指す言葉として20世紀前半に使われ始めた語ですが、ブーダンもその一つです。ブーダンはフランス各地にあり、地方ごとに様々な香辛料、スパイス、材料が使われ、名物料理となっています。これも、フランスの美食術が柔軟な発想で料理を生み出していることの証でしょう。ブーダンはパリではタマネギ、リヨンではクリーム、オーヴェルニュ地方では牛乳、ブルゴーニュ地方では米と組み合わされてサービスされます。アンジュー地方の大きなブーダンには豚の血、フダンソウの葉、卵、パン切れ、タマネギ、クリームが入っていて、輪切りにして焼きますが、クレオールやアンティル諸島のブーダンはより小ぶりで、スパイシーです。

VIEILLES COUTUMES_*DAUPHINÉ*_La Boudinée.

ブイヤベース

BOUILLABAISSE

***

　すでに古代から、地中海沿岸に住む人々は魚のスープを食べていました。13世紀にはパリのレストラン、フレール・プロヴァンソーがブイヤベースのサービスを開始しました。19世紀の作家アレクサンドル・デュマは『デュマの大料理事典』で、このスープを絶賛しています。この伝説的スープは今ではプロヴァンス地方の花形料理であり、マルセイユっ子たちの大のお気に入りの一品です。決め手は、魚の加熱をごく短時間に抑えること。ブイヤベースという名ももとをたどれば、「<ruby>煮立ったら<rt>カン・サ・ブイユ</rt></ruby><ruby>弱くして！<rt>ベッス</rt></ruby>」という指示の言葉から来ています。

　昔は残った魚を使った安上がりな一品だったブイヤベースも、今となっては贅沢な料理です。岩場に住む小さくて新鮮な魚を少なくとも5種使うのが理想的で、レストランによっては、マトウダイ、アンコウ、ホウボウなどの高級魚を使った豪勢なブイヤベースを出すところも。とは言え、カサゴ、ベラ、赤カサゴ、ヨーロッパアナゴ、タイ、様々なハチミシマ科の魚は外せません。通には独自のレシピがあり、スパイスや香味料で味付けをします。ニンニクをこすりつけたクルトンと、ニンニクとトウガラシとサフランを使ったルイユソースを添えるのが定番。ブイヤベースは単なるスープではなく立派な一品であり、旅行者に大人気です。1980年には、一般的な魚のスープとの違いを明記したブイヤベース憲章が制定され、正統さを継承しています。

***

BOUILLABAISSE (Marseillaise)

カワカマスのブールブランソース添え

BROCHET AU BEURRE BLANC

白ワインと香味料を使ったクールブイヨン〔用語集参照〕で調理したカワカマス料理です。カワカマスは最高級の淡水魚で、その繊細な身の風味を引き立てるソースは、西部の都市ナントの近くに位置する、サン＝ジュリアン＝ド＝コンセルの町で生まれたために、ブールブラン・ナンテ（ナントの白バター）と呼ばれています。

真実か虚構か定かではありませんが、この料理には失敗のエピソードがあります。19世紀、クレマンス・ルフーヴルという女性がグレーヌ侯爵の料理人を務めていました。ある日、カワカマスに添えるためのベアルネーズソースを作っていたのですが、慌てて、うっかり卵黄とタラゴンを入れ忘れました。侯爵はこのとろりとした食感のソースをいたくお気に召して、失敗作にもかかわらず、ブールブランと名付けました。我こそは発案者という人はほかにもいますが、真偽のほどはともかく、ブールブランはロワール川沿いの地域に広まり、アスパラガスだけでなく、ウナギ、ホソスズキなどの淡水魚をも美味に引き立てています。サン＝ジュリアン＝ド＝コンセル付近ではいまだに「ブールラテ〔失敗バター〕」とも呼ばれていますが、立派なソースとして広く認められています。エシャロットと白ワインを煮詰めてから、有塩バターで仕上げます。

VÉRITABLE

EXTRAIT DE VIANDE

LIEBIG

Voir au Verso.

BROCHET

ケーキ
CAKE

このお菓子の最古の記録は中世にさかのぼります。当時、ドライフルーツやスパイスが十字軍参加者たちによって、聖地エルサレムからヨーロッパに持ち込まれました。ケーキと言えばイギリスで、16世紀にはバターと卵と砂糖漬けフルーツを使ったプラムケーキが考案されました。

フランスでも「ケーキ」という英語の名称が使われていますが、これは19世紀前半に世を席巻したイギリスブームに由来します。ヴィクトリア朝の厳密な習慣に従い、「ガーデンパーティー」で「5時のお茶」を飲むのが流行し、お茶と一緒に「ケーキ」を一切れ食べていました。当時のケーキは長方形の発酵菓子で、砂糖漬けフルーツやレーズンが添えられていただけでしたが、現在ではケーキ型で焼いた発酵菓子全体を指し、ソルティなもの、甘いもの、スパイシーなものもあります。またミニケーキもあり、食前のおつまみ、グリーンサラダを添えたスターター、デザートにも登場します。無国籍な現代料理の風潮を受けて、枠にとらわれず、余った食材なども使って自由に組み合わされています。

BATAILLE IMMINENTE

CAKE ORDINAIRE

Prenez 500 g. de pâte préparée pour le pain, 60 gr. de beurre, 1 demi verre de lait, du sucre, et 8 cuillerées de raisins de Corinthe. On peut, si on veut, augmenter la quantité de beurre et de sucre. Faites cuire dans une casserole beurrée avec feu dessus et dessous.

カリソン・デクス

CALISSON D'AIX

アーモンドを使ったこの甘いお菓子は13世紀のイタリアで生まれたようですが、15世紀にはプロヴァンス地方エクス＝アン＝プロヴァンスに持ち込まれました。当時、エクスには地方最大のアーモンドマーケットがあったのです。カリソンの名の由来にはいくつかの説がありますが、プロヴァンス伯爵夫人ジャンヌ・ド・ラヴァルにまつわる美しい言い伝えがあります。夫人は内気なことで知られていたのですが、宮廷パティシエが作ったこのお菓子を一口食べると、微笑みを浮かべたとか。表情が明るくなり、プロヴァンス語で「甘いこと」と口にしたため、お菓子はカリスンと呼ばれ、変化したと言われます。17世紀、大司教が祝日に聖母マリアにこのお菓子をささげたことから、祝別されたパンとして用いられるようになりました。今でも伝統を受け継ぎ、9月の第一日曜日にはエクスのサン・ジャン・ド・マルト教会でカリソンが祝別されます。カリソン・デクスを作るには、皮をむいたアーモンド、砂糖漬けメロン、オレンジの花を混ぜ、シロップで加熱し、ペースト状にして無酵母パンの上に敷き、型抜きで織機のシャトルの形にくり抜いていきます。これに粉砂糖と卵白で作ったグラスロワイヤルと呼ばれるアイシングをかけると、サテンのように白く美しい独特なお菓子が出来上がります。このレシピはカリソン・デクス専用で、ほかの香料を加えると、「カリソン・デクス」ではなく、より一般的な「カリソン・ド・プロヴァンス」になります。現在、ほんの12人ほどが、正統なカリソン職人として正式に認められています。

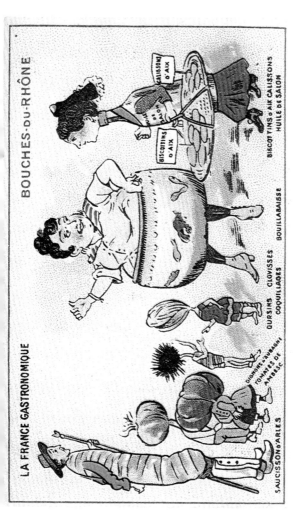

鴨肉のオリーブ煮込み
CANARD AUX OLIVES

　ココット鍋を使った鴨肉の煮込み、特に鴨肉のオリーブ煮込みは有名シェフのレパートリーにはあまり登場せず、たいていは母から娘へと受け継がれていくので、家庭によって分量、調理時間、材料が異なり、基準となるレシピの特定が難しい料理です。共通して使われるのは、切り分けた鴨肉、グリーンオリーブ、そして鶏ガラとくず肉で作った白系のフォン・ブラン〔用語集参照〕で、これに香料を加え、白ワインやタマネギを入れることもあります。けれども料理上手の女性にとっては、見た感じ、におい、味見こそが最大のヒント。

　昔の料理本には、鴨肉料理は登場しません。と言うのも、カモ類の飼育が始まったのは17世紀、西部のヴァンデ地方シャランだったからです。現在、もっとも消費されているのはバリケンとナント鴨と呼ばれる種類で、やや脂肪質で繊細な味わいの鴨肉は、フランス料理で重宝されています。柔らかな小鴨や雌鴨は串焼きやローストにし、大きな雄鴨はココット鍋で煮て、カブなどの野菜や、オレンジ、サクランボ、桃など酸味のある果物と一緒にサービスされます。イチジクやオリーブも鴨肉のお供として定番です。

CANARD AUX OLIVES

ヴィシー風ニンジン
CAROTTES VICHY

　なぜヴィシー風ニンジンと呼ばれるのかは謎ですが、レシピは中部ヴィシーの町ではなく、水に関連すると考えられます。かのオーギュスト・エスコフィエの登場するエピソードもこれを物語っています。エスコフィエはよく薬局で重曹を買っていたのですが、不思議に思った薬剤師がその理由を聞いたところ、エスコフィエは、野菜の調理に使うのだと答えました。そこで薬剤師はヴィシーの水で調理するといいと教え、実際に試してみたところ、うまくいったとか。特にニンジンは、余分なでんぷん質が抜けた仕上がりになりました。この有名なレシピでは、ニンジンを輪切りにして、水、バター、塩、砂糖少々と一緒にソテー用フライパンで調理します。最後に生クリームとパセリのみじん切りを加えたら、出来上がりです。ニンジンの甘みは、ほかの野菜と一緒に調理されると隠れてしまったり、ピュレやヴルーテ（p132参照）では目立たなかったりしますが、この付け合わせではぐんと際立っています。

　ヴィシー風ニンジンが人気を博すと、ニンジンそのものも一躍注目を浴びました。現在では、食前のおつまみに生で食べたり、せん切りにしてドレッシングとあえたり、オレンジ、クミン、コリアンダー、シナモン、ハチミツなどで香りを付けてオリエンタル風にしたりと様々に楽しまれています。

カスレ
CASSOULET

　フランス南西地方を代表するこの料理の起源は、はるか中世の百年戦争にまでさかのぼります。戦争で包囲されたカステルノーダリの町では、お腹をすかせた農民たちがソラマメ、豚の脂肪や皮、ソーセージ、豚足などの残り肉を片端から町の共同鍋に入れて煮ました。これが最初のカスレというわけです。16世紀にインゲンマメがフランスに持ち込まれると、カスレのソラマメは徐々にインゲンマメに取って代わられました。水で戻したインゲンマメをまず、「ウール」（オック語で柄のない鍋）で調理します。次に昔ながらのテラコッタの大皿「カソール」に豚の皮を敷いて、そこに豚の肉、尾、足、インゲンマメを入れ、炉で表面を焦がします。17世紀以降、「ウール」と「カソール」の語が短縮されて、この料理はカスレと呼ばれるようになります。

　時代が進むにつれ、南西地方の地域ごとにレシピは変化を遂げました。カルカソンヌ、カステルノーダリ、ナルボンヌ、ポー、モントーバン。どの町もカスレ発祥の地を自負していますが、もっとも有名なものの一つは、ガチョウのコンフィ（脂肪漬け）とソーセージがベースのトゥールーズ風カスレです。現在では、カスレは白インゲンマメ（正統派はタルブ産白インゲンマメにこだわります）と肉をテラコッタの鍋で煮込んだポテ（p134参照）を指します。トマトや香味料で風味付けし、細かいパン粉をかけて表面を焦がすのがポイントです。

CASSOULET — Cette conserve est l'une de celles donnant lieu dans les Usines Amieux-Frères à une fabrication importante, car ce plat, composé d'oie et autres viandes avec des haricots assaisonnés à la façon méridionale, est préparé par des chefs de cuisine experts. (voir au verso).

SITUATION des 12 USINES AMIEUX FRÈRES
TOUTES EN FRANCE

Régions approvisionnant les 12 Usines
AMIEUX FRÈRES qui produisent
par an 18 millions de boîtes et flacons

Lieux de production des légumes etc.

CASSOULET DES GASTRONOMES
AMIEUX-FRÈRES TOUJOURS AMIEUX

IMPr.J.CHARLES, 9 RUE DE L'ESTRAPADE, PARIS

セップ茸

CÈPES

　分布地ではかならずと言っていいほど食されるセップ茸には、たくさんの風味豊かな品種があります。人気のきっかけは19世紀、パリのグラン・カフェ・アングレでシェフを務めていたアルシド・ボントゥーがメニューに入れ、著書『ボルドー料理論（*Traité de cuisine bordelaise*）』で取り上げたことです。南西地方で豊富にとれるセップ茸は最上級で、ボルドーのセップ茸と呼ばれます。当時、ほとんどのセップ茸納入業者は、アキテーヌ地方の中心都市ボルドーに集中していたからです。

　とは言え、美味なるセップ茸はたいていの森に生えていて、様々な地域の名物料理に花形食材として使われています。高級キノコの例にもれず、セップ茸にもシンプルな調理が一番で、パスタ、卵、米、ジャガイモなどベーシックな食材と組み合わせます。とりたての小ぶりなセップ茸をパセリ、ニンニク、エシャロットなどで炒めるだけで最高の一皿に。シーズン後も、ドライ、瓶詰め、冷凍で売られており、スープやヴルーテ〔p132参照〕に使われます。グラタンに加えれば風味が一段と引き立ちますし、イギリス海峡を臨むノルマンディー地方では、ムール貝とクリームにセップ茸を加えて、ゆでた白身魚に添えます。中央山塊に位置するオーヴェルニュ地方では、セップ茸の柄、ニンニク、エシャロットを薄切りにしたものをセップ茸の傘に詰め、中部のリムーザン地方ではこのフィリングにパン、セップ茸の柄の部分のみじん切り、豚脂を加え、コルシカ島ではグリルしたセップ茸にミント風味のトマトソースをかけて楽しみます。

CEPES & CHAMPIGNONS

CEPES & CHAMPIGNONS — Les cèpes les plus célèbres sont ceux du Périgord mis en boîtes dans l'Usine Amieux-Frères à Périgueux. Ce sont des champignons de plein air, tandis que les champignons de couche sont des cryptogames cultivés dans d'anciennes carrières des environs de Paris à proximité de l'Usine que possèdent M.M. Amieux.

(voir au verso)

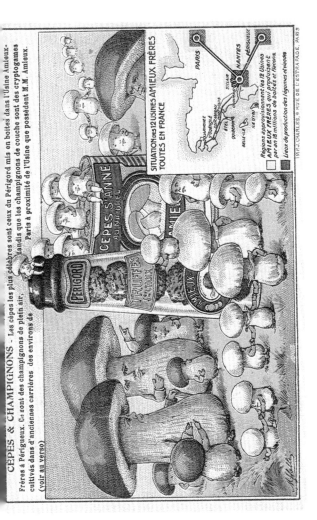

SITUATION des 12 USINES AMIEUX FRÈRES
TOUTES EN FRANCE

PARIS

PÉRIGUEUX

NANTES

Régions approvisionnant les 12 Usines
AMIEUX FRÈRES qui produisent
par an 18 millions de boîtes et flacons

Lieux de production des légumes et viandes

IMP. J. CHARLES, 9 RUE DE L'ESTRAPADE, PARIS

シャルロットケーキ
CHARLOTTE

　このおいしいスイーツは、イギリス国王ジョージ3世妃シャーロットに敬意を表して命名されました。もともとのイギリスのレシピでは、背の高い型を使い、パン切れやバターブリオッシュを縁に並べていきます。これにコンポートを加え、オーブンでじっくり加熱すると、ブレッド・アンド・バター・プディングに似たお菓子の出来上がりです。

　フランスの偉大なるパティシエ、アントナン・カレームはイギリス旅行でこのお菓子を知り、レシピに思い切って手を加えました。型に並べるのはパン切れではなく、有名な大臣タレーランのために考案したビスケットです。細長くて、ワインに浸しながら食べるのに便利なこのビスケットは、タレーランの「私室外交」にちなんで、ブードワールと名付けられました。カレームはロシア皇帝アレクサンドル1世に仕えることになり、シャルロットケーキもパリからロシアへと持ち込まれ、ロシア風シャルロットと呼ばれました。

　シャルロットケーキの変化は続き、現在では加熱した果物ではなくババロアを使った生アントルメ〔チーズと果物の間に出されるデザート〕となりました。チョコレート、バニラ、栗、桃、ベリー類、エキゾティックフルーツを使ったシャルロットケーキ、アイスクリームのシャルロットケーキなど様々なバリエーションが生まれ、パティシエたちは香りや食感を駆使して豊かな想像力を発揮しています。

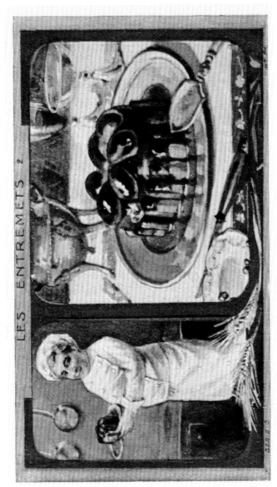

LES ENTREMETS 2

シュークルート
CHOUCROUTE

キャベツを発酵させて保存するというアイディアは偶然の産物のようです。中国で万里の長城が建設されていた頃、何千人もの労働者が、雪に埋もれたまま空気に触れずに保存されたキャベツのおかげで生き延びたと言われています。今では中央ヨーロッパ全域で発酵キャベツが食べられています。シュークルートは、北東部アルザス地方の名物。発酵キャベツにネズの実やタイムで香り付けをし、ガチョウの脂、ラード、ビールや白ワインなどと一緒にゆっくりと煮ます。ソーセージなどの豚肉加工品を加えると「王様風」と呼ばれますが、あくまで大衆的な料理。肉のシュークルートもあれば、魚のシュークルートもあり、昔はその時に手に入るものを使っていました。ビタミンCが豊富なことから、アルザス地方以外でも船乗りたちに好まれ、壊血病予防のため樽単位で船に常備されていました。

パリで人気が出たのは、1870年に勃発した普仏戦争後と比較的遅く、占領地域から逃れてきたアルザスの人たちが、今やすっかり有名になったリップやボファンジェといったブラッスリーを開いたのが始まりです。これに続くように、アルザスからのシャルキュトリー〔豚肉加工食品〕店などもシュークルートを出すようになり、以来、名シェフたちの想像力を刺激し続けています。ストラスブールのラ・クロコディルなどの名店でもサービスされていますが、シュークルートの町と言えばクラウターガースハイム(アルザス語で「キャベツの町」)。毎年、シュークルート祭りが開かれています。

CHOUCROUTE (Alsacienne)

野ウサギのシヴェ

CIVET DE LIÈVRE

シヴェの語源はシヴ。ネギ（シブール）は19世紀までシヴと呼ばれていたのです。野ウサギの煮込みの豊かな香りはネギから来ていますが、この言葉が広く使われるようになり、加熱方法や料理も指すようになりました。

シヴェとその他の肉の煮込み料理の違いは、香味料を加えた赤ワインでの漬け込み時間と、血の使い方にあります。マリネすることで香りが高くなり、家畜の肉に比べて脂肪分の少ない締まったジビエ肉を柔らかくします。このマリネ液で煮込んだ後に濾してから、ミキサーにかけておいた野ウサギのレバーと血を加えてソースにします。長時間煮込んだ肉、細切りベーコン、小タマネギ、キノコの付け合わせを皿に盛り、ねっとりとしたソースをかけます。最高に相性がいいのは生パスタ。

中世のマリネ液は現在のシンプルなレシピに比べると複雑で、ブドウ果汁、ヴィネガー、スパイスが入っていて、ソースのつなぎにパンが使われていました。17世紀には白ワイン、ルー、レモン、ハーブが加わり、ついにはかの王様風野ウサギ_{リエーヴル・ア・ラ・ロワイヤル}が生まれました。とても複雑なこの料理を考案したのは、パティシエ、アントナン・カレームとも、第四共和政の元老院議員エルネスト・クトーとも言われます。マリネして煮込み、フォン〔用語集参照〕を煮詰めてソースにするなど、1週間かけて調理することも。フォワグラやトリュフが使われる場合もあります。美食術_{ガストロノミー}の至宝の一皿とも謳われるシヴェは、一生に一度は食べたい一品です。

MOKA
DES
TRAPPISTES

ALPH. LEROUX

A ORCHIES

(NORD)

LIEVRE

クラフティ
CLAFOUTIS

クラフティはフラン〔p68参照〕に似た南西部リムーザン地方のお菓子で、ブラックチェリーを入れるのが定番。その起源は19世紀末にさかのぼり、中央高地のオーヴェルニュ地方ではミリアール（「10億」の意）、東部のブルゴーニュ地方ではタルトゥイヤと呼ばれます。サクランボの代わりにリンゴや洋ナシを使ったものは、フロニャールと呼ばれます。大西洋に面したブルターニュ地方のファールというお菓子もクラフティのバリエーションの一つで、乾燥プラムが使われます。

クラフティの語源には2つの説があります。一つはオック語で「詰める」を意味する「クラフィール」という動詞から来ていて、果物がたっぷりと使われていることに由来するという説。もう一つは、お菓子を埋め尽くすように使われるサクランボが、木片に突き刺さった釘の頭に似ていることから、ラテン語で「釘で止める」を意味する「クラウォ・フィジェーレ」から来ているとする説です。一般的なレシピでは、卵、砂糖、小麦粉、牛乳をベースにした少し硬めの生地にサクランボを入れて、オーブンで焼きます。サクランボの風味を損なわず、汁が生地を柔らかくしないよう、種は取らないのが普通です。現在では「クラフティ」の名称はとても広範に使われるようになり、甘いクラフティ、ソルティなクラフティの両方があって、フランに似た生地に果物や野菜、鶏肉や魚が詰められます。グラタン皿で調理されるクラフティは、家庭の食卓にぴったり。1人用の楕円形型で焼けば、おしゃれに仕上がります。

オレンジコンフィチュール
CONFITURE D'ORANGES

　プロヴァンス地方に住んでいた古代ローマ人は、レモン、シトロン、マンダリンオレンジの皮でコンフィチュール（ジャム）を作っていました。中世、この地域では、砂糖は希少品で、コンフィチュールを食べられるのはアヴィニョンに住む教皇だけでした。教皇は時に宗教問題そっちのけで、美食を追求した食道楽です。それでも、オレンジコンフィチュールの最古のレシピが記録されるには、16世紀、プロヴァンス出身の予言者ノストラダムスの『ジャム論』を待たねばなりませんでした。

　フランス宮廷にオレンジコンフィチュールを持ち込んだのは、果物や糖菓に目がないルイ14世です。その後、植民地で生産されたきび糖が普及すると、上流社会でもスイーツが盛んに食されるようになります。とは言え、コンフィチュールがブルジョワ家庭で広く食べられるようになるのは、19世紀初頭に博物学者のバンジャマン・ドゥルセールがテンサイからの糖分抽出法を開発してからのことで、以降、コンフィチュールは朝食や子どもたちのおやつのタルティーヌ（バターやジャムなどを塗ったパン）に欠かせない存在となりました。現在では、実に様々な果物が使われ、スパイスや香味料が味わいを引き立てています。日本にコンフィチュールが輸出されるほど有名なクリスティーヌ・フェルベールは多数の書籍を発表しており、最高のコンフィチュールアンバサダーと言えるでしょう。

CONFITURES D'ORANGES

Poids de sucre égal au poids d'oranges. Pelez les oranges et faites blanchir le quart de la peau. Faites fondre le sucre dans un peu d'eau (1 verre d'eau pour 1 livre de sucre). Jetez-y les morceaux d'oranges et la peau cuite ; puis mettez en pots.

LES PIPE DE GRAND PAPA

クスクス
COUSCOUS

***

　マグレブ〔北西アフリカ諸国〕を代表するクスクスは、デュラム小麦セモリナ粉を加工したものを蒸し、ブイヨンをかけて食べる料理です。ブイヨンに入れるものは野菜のほか、肉や魚など地方により異なります。この料理の起源について、歴史家の意見は一致しておらず、パスタと同じく中国という説もあれば、東アフリカや北アフリカという説もあります。実際に北アフリカでは、現代のクスクス鍋を思わせる9世紀の調理器具が発掘されています。アラブ系イスラム教徒による征服、盛んな交易、小麦文化の発展により、クスクスは地中海全域に広まりました。16世紀フランスの文人ラブレーはクスクスが大好物で、この美味なる「ムーア人のコスコトン〔クスクス〕」を取り上げ、たたえました。

　クスクスの調理法や食べ方にはれっきとした作法があります。クスクスは伝統的に共有と親密さの代名詞でもあり、マグレブでは式典やお祝いの席で出されます。レシピは多様で、その土地でとれるものや、各共同体の生活様式や条件に合わせたバリエーションがあります。マグレブからヨーロッパ、特にフランスへと大量移民の波が押し寄せるにつれ、クスクスもフランス料理の一つに数えられるようになり、2012年にはブランケット・ド・ヴォー〔仔牛のクリーム煮〕を抜いて、フランス人の好きな料理入りを果たしました。

***

LES PLATS NATIONAUX 5

COUSCOUS

クレープ
CRÊPES

　農耕が始まった頃から、人々は穀物で生地やかゆを作り、これを平たく丸いガレット状にして、平らな石に広げて焼いていました。フランスでは、クレープは2月2日の聖燭祭とゆかりの深い食べ物です。もともとは異教徒の祭日だったのですが、5世紀にゲラシウス1世が、幼いイエス・キリストが神殿に連れてこられたこととマリアの浄めをこの日に祝すことを決め、キリスト教の祝日となりました。当日は祝別されたロウソクを持った巡礼者が長い列をなして、ローマへと向かいました。敬虔な旅人をねぎらうために配られていたのが、太陽や冬の後の光の回帰を象徴する丸い形の小麦粉ガレットだったのです。その後、聖燭祭最初のガレット（あるいはクレープ）を右手で焼き、左手には1年の繁栄を願ってコインを持つことが伝統となりました。

　フランスのそば粉栽培地は北西部のブルターニュ地方で、ガレットやクレープはブルターニュ地方の名物となりました。一番シンプルなレシピでは、そば粉、水、塩を使ってガレット生地を作り、いろいろなものを巻いて食べます。一方、クレープに使われるのは小麦粉で、卵、牛乳、バターを加えた生地は、大物シェフたちのイマジネーションを刺激しました。たとえばクレープシュゼットはかのオーギュスト・エスコフィエのアイディア。薄いクレープ生地にオレンジ風味のバターとグラン・マルニエを合わせた美味な一品です。

CRÊPE MANQUÉE.

クルーゾワ

CREUSOIS

　言い伝えによると、ヘーゼルナッツを使ったこのお菓子が生まれたのは、15世紀、中央高地のクルーズ県クロック修道院でのことでした。1969年、建物を改修した際に、偶然古フランス語で記された製法が見つかりました。クルーズ県パティシエ協会会長アンドレ・ラコンブはすぐにこの羊皮紙文書を訳させ、複数の職人たちにお菓子の制作を依頼し、最高のクルーゾワを模索しました。そこで選ばれたのがクロック村のロベール・ラングラードで、以来基本のレシピとされています。製法は秘密で、クルーズ県のパティシエたちはこの唯一のレシピに従って作り、本物のお墨付きを受けた店だけが売ることを許されています。

　今やすっかり人気の的で、毎年、公式に製造許可を受けた30名ほどの職人が15万個も製造販売しています。形は丸く、重さは320グラムが基本ですが、長方形のものも売られています。材料はシンプルで、ヘーゼルナッツを炒って、砂糖と一緒に粉状にし、小麦粉、バター、泡立てた卵白と混ぜ、修道士が羊皮紙に記したように、「くぼんだ瓦」に入れて焼きます。1999年には一定の品質を保った大量生産も始まりましたが、本物の証明書付きではありません。

La Noisette. — *Dessert et pâtisserie*

七面鳥のトリュフ添え

DINDE AUX TRUFFES

　七面鳥をヨーロッパに持ち込んだのは、探検家クリスト
ファー・コロンブスです。1492年にアメリカ大陸に上陸した彼
は、インドに到着したと思い込み、この鳥をインドの雌鶏と名付
けて持ち帰ったのです。七面鳥〔フランス語では「インドの」を
意味する「ダンド」〕がフランスの食卓に初めて登場したのは
1570年、国王シャルル9世の婚礼の祝宴で、17世紀以降は食
材としてよく使われるようになりました。現在でも七面鳥を
「イエズス会士」と呼ぶのは、長いこと中部の都市ブルジュ近く
のイエズス会の農場で修道士たちが七面鳥を飼育していたか
らです。フランス語では体格によって呼び方が異なり、大きなオ
スはダンドン、小柄なメスはダンド、小さなヒナはダンドノーと
呼ばれ、料理での使い方により、品種別に飼育されています。

　アメリカではサンクスギビング（感謝祭）の食卓に欠かせな
い食材ですが、これは野生の七面鳥のおかげで初期入植者が
飢え死にを免れたことを記念しています。フランスではトリュフ
と七面鳥の組み合わせはクリスマス料理の花形で、トリュフを
皮の下に入れたり、フィリングに混ぜたりします。七面鳥の肉は
脂肪分が少ないため、柔らかさを保つために、肉を背脂の薄切
りで包み、肉汁を何度もかけながら中温でじっくりとローストし
ます。クリスマスにはガチョウも定番ですが、焼きリンゴ、フォワ
グラを詰めたリンゴ、栗のピュレ、ガチョウの脂肪に漬けたジャ
ガイモのコンフィなど、美味な付け合わせと一緒にサービスさ
れる七面鳥は、ガチョウと並ぶクリスマスの伝統料理です。

DINDE AUX TRUFFES

エスカルゴ
ESCARGOTS

　腹足類エスカルゴを食べる習慣は、すでにラテン語文書にも記録されており、中世の人々も食べていました。串焼きにしたり、ゆでたり、揚げたりと、エスカルゴは四旬節〔キリスト教のイースター前40日間の時期で、肉類は食さない〕に理想的な「やせた〔白身〕」肉と考えられていました。その後数世紀の間忘れられていましたが、19世紀初頭に政治家タレーランがパティシエのアントナン・カレームにロシア皇帝の歓迎晩餐会の準備を命じ、再び脚光を浴びることになります。

　エスカルゴの調理にはとても手間がかかります。エスカルゴを生きたまま10日間、食べ物を与えずに放置してから、洗浄して不純物を吐き出させます。その後白ワインと香味料でゆで、殻に戻して、バター、エシャロット、パセリ、ニンニクを混ぜたエスカルゴバターを詰めます。美食家でもげんなりするような作業で、この軟体動物の肉を食べることの意義については、意見が分かれています。それでも「ブドウ畑の間抜け」とか「白い太っちょ」とも呼ばれる「ブルゴーニュ産」エスカルゴや、西部のポワトゥー・シャラント地方で「カグイユ」と呼ばれるプティ・グリ種は、カエルの腿肉同様、典型的フランス料理の一つです。現在、フランスではエスカルゴの収穫期は厳しく規制され、輸入品が普及しました。最近はポワトゥー・シャラント地方のプティ・グリ種生産者が、高級食材としてエスカルゴの卵を売り出したこともあります。エスカルゴのキャビアと銘打って販売したとあって、お値段もなかなかだったようです。

ESCARGOTS (Bourguignonne)

ローストキジのカナペ

FAISAN RÔTI SUR CANAPÉ

　背脂の薄切りで包んでローストしたキジを切り分けて、カナペに乗せ、アルマニャックでフランベして、肉汁をかけた料理です。すりおろしたナツメグを少々加えて、スパイスをきかせます。昔は獣肉を柔らかくするために熟成させるのが一般的で、鳥類も内臓や羽をつけたまま、数日から数週間、涼しくて乾燥した場所に吊り下げられていました。肉を寝かせることで腐敗が始まり、「熟成した」風味が生まれます。しかし病原微生物が増殖して衛生上危険なため、熟成作業はなくなりました。現代では飼育したキジが家禽専門店で売られていますが、野生のキジよりも脂が乗っています。

　しかし野生のキジと料理のゆかりは深く、すでに中世にはアジア原産のこの鳥類は、貴族たちの食卓に供されており、聖ルイと呼ばれたルイ9世はヴァンセンヌの森で大々的に放し飼いにさせていました。ルネサンス時代には華々しい宴に登場し、それまで愛食されていた孔雀、サギ、白鳥など、見た目は派手でも美味とは言いきれない家禽に取って代わりました。ルイ15世と寵姫ポンパドゥール夫人は、自ら王室専用の鶏小屋でキジを育てていたと言われます。19世紀初頭、ナポレオン帝政の宮内府役人を務めたルイ・ド・キュッシー侯爵は食通として名が通っていて、コンデ公宅でキジが週に120羽も消費されたとの報告を残しています。

FAISAN

コルベール風舌平目のフィレ
FILETS DE SOLE À LA COLBERT

———

　この料理名は、ルイ14世のもとで財務総監を務めた、かのコルベールに由来します。コルベールはこの料理が大好物だったのです。レシピでは、舌平目は3枚におろさず、骨を抜いて中が見えるよう開き、パン粉をまぶして揚げます。これに、練ったバターにパセリ、タラゴン、レモンを加えたソースを添えます。昔の料理本にはあまり登場しませんが、ソース自体は小鱈、肉、野菜用に紹介されています。

　文人バルザックの愛したノルマンディー風舌平目も、魚好きにはたまらない一品。1840年にパリのレストラン、ル・ロシェ・ド・カンカルで考案された名物料理で、現在では名だたるレストランでサービスされており、シェフ、クリスチャン・コンスタンもパリのオテル・ド・クリヨンのレストランに移った際に、現代人の好みにアレンジしました。

　ディエップ風舌平目のフィレは19世紀のバリエーションで、カキ、ムール貝、小エビ、ザリガニ、キノコ、エペルラン〔キュウリウオ〕、クルトンを添えます。調理に手間がかかりますが、ブルジョワやパリの料理のシンボルであり、ホテル専門学校ではおなじみのサービス課題で、最終試験で出題されることもあります。

———

FILET de SOLE à la COLBERT (Dieppoise)

フィレ・ミニョン
FILET MIGNON

　食肉方面で「フィレ」という言葉が使われ出したのは14世紀のことです。背骨に沿った柔らかく肉付きのいい部分を指し、ひも（フィレ）で括るように糸で縛ることもあります。もともとフィレ・ミニョンは豚肉だけに使われる語でしたが、仔牛肉に使われることもあります。最上の部位で、そのまま、あるいは薄く切って調理します。後者はメダイヨン、ノワゼット、グルナダンなどと呼ばれます。

　長く円筒形の2本のフィレ・ミニョンは、もっとも柔らかな部位。と言うのも、この部分の筋肉はあまり使われないからです。よく「豚肉はあらゆる部位がおいしい」と言われますが、「フィレ・ミニョンは何と合わせてもおいしい」と言っても過言ではありません。シンプルに味付けしてローストしたフィレ・ミニョンにマッシュポテトを合わせたり、ココット鍋で野菜、果物、スパイスと煮込んでから甘辛いソースを添えたり。マリネ、グリル、パイ包みのほか、スモーク、塩漬け、乾物にもできます。粒入りマスタード風味のフィレ・ミニョンはシンプルで、定番中の定番。汁をたっぷりと含んだ脂肪分の少ないフィレ・ミニョンを、ほんの少しの油と一緒に弱火できつね色になるまで焼きます。最後にココット鍋の底についた焦げ付きを白ワインで溶かしてから、生クリームとマスタードを加えます。肉にこのまろやかなソースをかけ、生パスタやキノコを添えて仕上げます。

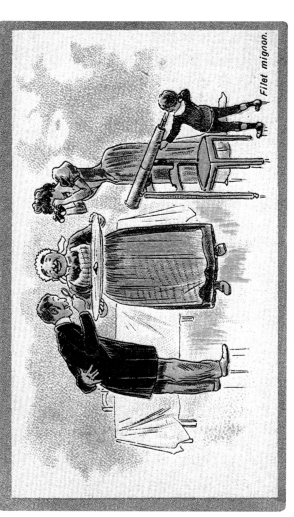

Filet mignon.

フラン・パティシエ
FLAN PÂTISSIER

　　フランという言葉は古フランス語の「フラオン(flaon)」から来ており、その語源であるラテン語の「フラド(flado)」は「平らなもの」を意味します。卵、牛乳、砂糖(あるいはハチミツ)、小麦粉を使ったとても古いスイーツで、中世の頃からよく食べられていました。すでに14世紀、ヴァロワ朝のフィリップ6世、シャルル5世、シャルル6世の宮廷料理人だったタイユヴァンの著書『ヴィアンディエ』にも、いくつものフランのレシピが掲載されています。王族たちから愛されたフランは、数世紀かけて進化しました。たとえば19世紀には、シャンパーニュに浸した砂糖漬け果物が添えられましたし、パット・ブリゼと呼ばれるタルト生地との組み合わせは、フラン・パリジャン(パリ風フラン)と呼ばれ、歯ごたえがありながらまろやかでクリーミーな食感。パン屋で1個単位で売られており、ペストリーとヴィエノワズリー〔パン生地やペストリー生地を使った焼き菓子類〕の中間的スイーツです。プレーンフランの爽やかなバニラの味わいは、幼い頃の甘い思い出を呼び起こします。レーズン、チョコレート、ココナッツを加えたり、ラム酒、オレンジの花で香りを付けたりした手の込んだフランは、好奇心旺盛な食いしん坊に人気です。フランス国外にも似たようなレシピがたくさんあり、パット・フイユテ〔何層にも成形されたパイ生地〕を使い、高温のオーブンで焼いて、焼き目を付けたポルトガルのパステル・デ・ナタは特に有名です。イギリスで人気のカスタードタルトもフランのバリエーションの一つで、クリーミーな食感と控えめな甘さです。

フォンデュ・コントワーズ

FONDUE COMTOISE

千年も前から食べられてきたコンテは、ボーフォール、エメンタールと並ぶいわゆるフレンチグリュイエールチーズの一つです。すでに18世紀には山岳地域の主要な財源であり、チーズ製造所が建てられ、農民たちが協同組合に牛乳を供出し、チーズ作りで利益を上げていました。けれども、1970年の料理本には、郷土料理であるチーズフォンデュのレシピは一切出てきません。昔のフォンデュは、チーズを角型に切ってナイフの先に刺し、熾火の熱で溶かしただけのもので、ワインもフォンデュ鍋も使われませんでした。

スキーが家族のレジャーとして普及し、スキー場開発が進むにつれ、冬のバカンス先のレストランでフォンデュがサービスされるようになります。フォンデュ鍋にニンニクをこすりつけ、小さく角切りにしたチーズを入れて、辛口白ワインと一緒に溶かします。沸騰して均一に混ざったら、キルシュを一杯加え、テーブル中央にセットしたアルコールコンロに乗せます。たいてい前日に残った硬いパンを串に刺してチーズを絡めますが、セップ茸や野菜を刺すことも。鍋の中にパンを落としてしまったら罰ゲームが待っています。楽しい雰囲気のフォンデュはワイワイと分け合う料理で、温かい山小屋の宵にぴったりの一品です。

LA FRANCE GASTRONOMIQUE

JURA

VIN D'ARBOIS

VIN JAUNE
CHÂTEAU-CHÂLONS

FROMAGES DITS
DE GRUYÈRE

FROMAGE DE
SEPTMONCEL

LIÈVRES

FAISANS

ARBOIS

VIN JAUNE
CHÂTEAU CHÂLONS

GRUYÈRE

SEPTMONCEL

ボース風鶏肉のフリカッセ

FRICASSÉE DE POULET BEAUCERONNE

　パリの南西のボース地方は穀物栽培が盛んな大平野ですが、フランスの美食術を代表する地域というわけではなく、料理も他地域でよく見られる定番ばかりです。その昔、鶏小屋で飼われていた家禽類は月齢に合わせて調理されていました。若鶏はローストやソテーにされ、年がいった鶏はブイヨンで煮たり、コック・オー・ヴァン〔p124参照〕にされたりしました。ボース風鶏肉のフリカッセもそうしたごくシンプルな農家料理の典型で、豚脂、タマネギ、キノコなど地元の食材と一緒に調理されます。

　そもそも肉、キノコ、魚などの調理法を指すフリカッセとは、「フリール・エ・カッセ（揚げて砕く）」が短縮された語と聞けば、どういったものか容易に想像がつきます。鶏肉を使う場合は、丸鶏をまず少なくとも8つに切り分けてから、油脂と一緒に炒めて、まんべんなく焦げ目をつけます。鶏肉のフリカッセには数え切れないほどレシピがあります。アルコールでフランベしてから、白系のフォン・ブラン〔用語集参照〕をかけ、材料を全部投入して弱火で煮、濃厚な香りを出すのもその一つです。

FRICASSEE DE POULET (Beaucereaunne)

フライドポテト

FRITES

———

　ベルギーか、フランスか？　大きさは別として、この2か国のフライドポテトの主な違いは、揚げ油くらいです。フランスでは植物油、ベルギーでは牛脂を使いますが、2度揚げする点は共通しています。英語の「フレンチフライ」の呼び名も、起源を特定する助けにはなってくれません。と言うのも、この呼び方は第一次大戦中、ベルギーのフランドル地方西部に到着したイギリス兵が付けたものですが、フランドル地方はフランス語圏なのです。フライドポテトの起源にまつわる話は多く、それぞれが元祖を自認しています。ある言い伝えでは、厳寒に襲われた年、ムーズ川が凍って漁ができなくなり、普段食べている魚のフライの代わりにジャガイモのスティックを揚げたそうです。一方、パリジャンは、早くも18世紀にはパリの橋の下でフライドポテトが売られていて、ポム・ポン・ヌフ（ポン・ヌフポテト）と呼ばれていたと主張しています。現代の高級レストランでも、ポム・アリュメット（マッチ状のポテト）という大衆的な呼び名ではなく、ポム・ポン・ヌフという呼び方をします。ブラッスリーでは、肩ロースステーキやローストチキンの定番の付け合わせです。ファストフードの影響で広く普及し、世界規模で見ると、冷凍ポテトの年間消費は110億kgに上ると推定されます。フランスやベルギーのフライドポテトは、マスタード、ケチャップ、バターたっぷりのベアルネーズソースをつけたとしても、カナダ、ケベック州のプーティンに比べれば軽いものです。プーティンは、溶けたチーズとバーベキューソースをトッピングするのですから。

———

ガトー・オ・ショコラ
GÂTEAU AU CHOCOLAT

　その昔、アステカ人が栽培していたカカオは、生豆のままでは苦かったため、スイーツではなく刺激剤として、スパイスをきかせて、温かくして飲まれていました。カカオ豆を細かく挽き、粉状にしてから固めるのです。16世紀、メキシコを征服したスペイン人はこれに砂糖を加えて、ヨーロッパに持ち込みました。17世紀にガトー・オ・ショコラのアイディアを思い付いたのはイギリスのパティシエで、カカオパウダーをケーキに練り込みました。19世紀、フランスの近代パティスリーの父アントナン・カレームとオーストリアのフランツ・ザッハー（ザッハートルテの名称は彼に由来します）は、極上レシピを考案したのですが、カカオは贅沢品だったため、このケーキも一握りの恵まれた人だけのものでした。

　チョコレートの価格が下がって、ガトー・オ・ショコラが一般に普及するようになったのは、ようやく20世紀に入ってからのことです。以降、様々なレシピが生まれ、ブラックチョコレート、ミルクチョコレート、ヘーゼルナッツ入り、スプレッドなど、無限の広がりを見せています。最近生まれたレシピの一つが、かの星付きシェフ、ミシェル・ブラによるもので、冷凍しておいたチョコレートベースのタネを生地の中央に入れてから、ごく高温で短時間オーブンで焼きます。しっかりと火が通っていながらまろやかな生地と、真ん中のとろりとしたチョコレートが同時に楽しめるという、チョコレートファンにはたまらないレシピです。

CHOCOLAT
de la
Cie FRANÇAISE

ガレット・デ・ロワ

GALETTE DES ROIS

　14世紀、フランス東部、ブザンソンの教会メンバーは、公現祭〔東方の三博士が生まれたばかりのイエス・キリストを崇めにやってきたことを記念する祝日〕の直前にパンにコインを入れて、王様——公現祭の祝祭を仕切る責任者——を選んでいました。15世紀にこの伝統が広まり、さらに時代と共に変化を遂げます。北フランスでは、公現祭の日にガレットを食べて東方の三博士の礼拝を記念し、南フランスでは、砂糖漬けフルーツを使ったブリオッシュを食べます。パティシエがこの中に産着にくるまったイエス様の磁器のピース(フェーヴ)を入れるようになったのは、19世紀最後の四半世紀のことです。現代では2月まで続く商業イベントで、ガレット・デ・ロワ(王様のガレット)も毎年少しずつ新しくなり、フェーヴも様々な形のものが登場してコレクターを楽しませています。

　伝統的レシピでは、2枚のパット・フイユテ〔何層にも成形されたパイ生地〕を薄く延ばし、フランジパーヌと呼ばれるアーモンドペーストを詰めて、ガレットの形にしてから卵黄を塗って焼きます。3分の2がアーモンドクリーム、3分の1がカスタードクリームでできたフランジパーヌの語源は、ポンペオ・フランジパーニ侯爵です。ルイ13世時代に大元帥だった侯爵は、アーモンドベースの香水を考案し、手袋に香りを付けていました。その香りがあまりにもかぐわしかったため、のちにお菓子作りでクリームの香り付けにも使われるようになったというわけです。

LA GALETTE

ライスプディング

GÂTEAU DE RIZ

とても経済的でおいしくてレトロなこのスイーツは、かまどでお菓子を焼いているおばあちゃんの姿を連想させます。まずバニラで香り付けした牛乳で、お米を弱火でゆでます。お米は必ず丸粒米を使います。ゆで終わる頃、牛乳が米に吸収されたら、砂糖を入れます。お米から出るでんぷん質の働きでそれぞれがくっつき、まろやかな食感になります。次に卵を加えて、前もってカラメルを塗っておいた型に入れ、オーブンで焼きます。シンプルなレシピでは、オーブンに入れずに鍋だけで作りますが、クリーミーな仕上がりにするには細心の注意が必要です。

お米が初めてフランスの食卓に登場したのはルネサンス時代で、甘みを付けて食べていました。フランスではまだ米が栽培されておらず、ライスプディングも様々な糖菓、フルーツのペーストゼリー、デザートと一緒に、カトリーヌ・ド・メディシスとアンリ3世の成婚時にイタリアからもたらされました。当時砂糖は希少品だったため、甘い食べ物は権力の誇示手段であり、ヨーロッパ宮廷は最高の職人を抱えていました。こうしてフランスで新たなスイーツ文化が花開いたのです。

GATEAU DE RIZ

ブルターニュ風仔羊の腿肉

GIGOT À LA BRETONNE

仔羊の腿肉は特別な行事、特に宗教上のお祝いに食べられるメニューの一つで、ユダヤ教徒もキリスト教徒も伝統的に春先にそれぞれ過越の祭、復活祭で羊肉を食べます。ユダヤ教徒にとってはエジプトを脱出したモーセが仔羊を犠牲にしたことの記念、キリスト教徒にとってはキリストの犠牲の象徴がこの料理なのです。

フランスには地方ごとに様々な調理法がありますが、ブルターニュ風仔羊の腿肉はとてもシンプルなレシピ。味付けをしてから塩バターでローストし、白インゲンマメを添えます。コツは微量のヨード分を含んだ肉の風味を損なわないこと。ブルターニュ地方でも最上の仔羊は沿岸地域、特にモン・サン・ミシェルの湾岸で放し飼いにされていて、プレサレと呼ばれています。極上の味わいの秘密は、海塩をたっぷりと含んだ草。と言うのも、大潮が来ると放牧地が海水に覆われるからです。

たいていどこの農村部でも、女性たちは洗濯の日に羊肉を調理していました。パンを焼いた後のパン屋のかまどに肉を入れておけば、共同洗濯場に行っている間に、肉にゆっくりと火が通ります。家に戻ったら、パン屋に肉を取りに行って、家に持ち帰っておいしい食事を楽しむというわけです。こうした伝統には、女性たちの実用的性格や創意工夫が現れていて、その結実である美味な料理は、現代人にも愛されています。

GIGOT A LA (Bretonne)

イシビラメのグラタン

GRATIN DE TURBOT

イシビラメはすでに中世の頃から王様の魚リストに掲載され
ており、「海のプリンス」と呼ばれて、現代に至るまで高級料理
で重宝されてきました。重さの半分以上が食べられない部分
なので、とても値の張る魚ではあります。菱形で平らで大ぶり
なため、そのままの姿では調理も一苦労。イシビラメの調理法
は時代により様々で、19世紀にはグラタンやスフレが大人気で
した。イシビラメのグラタンでは、魚をフィレにしてから、白ワイ
ンをかけてさっとオーブンで焼きます。これをグラタン皿に移し
替え、バターで炒めたエシャロット、キノコ、ゆでて殻から外した
ムール貝を加えます。ムール貝のゆで汁とイシビラメから出た
水分を煮詰めてから、軽くてクリーミーなルーを加えます。この
まろやかなソースを魚にかけてオーブンで軽く焼くと、ノルマン
ディー地方の海辺の町、ディエップの魚料理マルミット・ディエ
ポワーズを思わせるグラタンの出来上がりです。

光沢のある白身のイシビラメはとても繊細な味わいなので、
ゆでるのが最適な調理法と言われます。崩れやすい魚用に考
案されたのが、テュルボティエールと呼ばれる専用の鍋で、一見
時代遅れな形ですが、魚が煮崩れないという利点があります。
イシビラメは高価で、天然ものはごく希少なため、お祝い事な
どでよく食べられます。

MENU.

Potage Parmentier.

Turbot au gratin.

Côtelettes de veau panées.

Oseille au jus.

Ris de veau piqués.

Canard. Compote.

Blanc-manger impérial.

Dessert.

アッシ・パルマンティエ
HACHIS PARMENTIER

　最高においしくて経済的な家庭料理です。ポトフ、ドーブ〔蒸し煮〕、ソテー、ローストなど、どんな牛肉料理の残り物でもリメイクして、アッシ・パルマンティエにできます。タマネギと炒めたひき肉の上にマッシュポテトを乗せて、パン粉で覆ってから焼き目をつけたシンプルな一品で、子どもたちの大好物。セロリ、サツマイモ、カブなどの野菜のピュレを使ったバージョンなら、日曜日に家族で食べるごちそうにもなります。鴨のコンフィ〔調理した鴨肉を鴨の脂に漬けた保存食〕、ブーダン〔p24参照〕、オックステールなど味の深い部位を使えば、より高級な一品になります。

　アッシ・パルマンティエという料理名は——ジャガイモを使わなくてもアッシ・パルマンティエと呼ばれます——、薬剤師アントワーヌ＝オーギュスタン・パルマンティエから来ています。農学者でもあったパルマンティエはルイ16世に、ジャガイモの栽培は飢饉対策になると訴えました。おかげでそれまで豚のエサくらいにしか思われていなかったこの根茎植物は、18世紀の食卓や料理本に徐々に登場するようになりました。それでもパリっ子たちはこの野菜を食べたがりません。頭を悩ませたパルマンティエは一計を講じ、ジャガイモの圃場（ほじょう）を日中警護させてパリっ子たちの好奇心をそそりました。すると夜になるとジャガイモ泥棒が出てきて、結果的にジャガイモは世に広まることになったのです。19世紀にはジャガイモはつましいフランス人の基本食材となり、いろいろな料理に使われるようになりました。

BŒUF

オマール・ア・ラメリケーヌ
HOMARD À L'AMÉRICAINE

———

1867年、パリを旅行中のアメリカ人たちが、シェ・ピーターズというレストランでオマールエビを注文しました。けれども遅い時間だったので、シェフのピエール・フレスは手早くできるレシピで対応することにしました。まずオマールエビを輪切りにしてから、油を敷いたフライパンで焼き、白ワイン、トマト、ウィスキー、スパイスを振りかけます。アメリカ人たちは大いに喜んで、料理名を聞きました。不意を突かれたシェフはとっさに、「オマール・ア・ラメリケーヌ〔オマールエビのアメリカ風〕」と答えたとか。けれども実はもっと前から別のレシピがあるという意見も。それはオマール・ア・ラルモリケーヌ〔アルモリカ風、アルモリカはブルターニュの旧名〕で、ブルターニュ料理と言われています。1870年、作家のアレクサンドル・デュマは『デュマの大料理事典』の中で、この論争を面白がって次のように書きました。

「あなたのオマールエビがアメリカ風（あるいはもっといいことにアルモリカ風）の調理用に自分を切ってくれと言ってきたら、こんな愉快な4行詩で答えるといい。／『オマールエビの準備に自信がない／アメリカ女性がいた／オマールエビはアメリカ女性に言った／準備はもう少し後になさい、と』」

食通デュマも、ブルターニュかパリかを裁定するのは難しかったようです。オマールブルーは「海の枢機卿」とも呼ばれるほど美味で、青く、加熱すると鮮やかな赤い色に変ります。こちらはブルターニュ産ですが、調理に使われるトマト、スパイス、アルコールは、アメリカ由来です。

———

HOMARD A L'AMERICAINE

モンモリヨンのマカロン

MACARONS DE MONTMORILLON

　外側はサクサクとして中はまろやかなモンモリヨン（西部ポワトゥー地方）のマカロンを作っているのは、老舗ラヌー＝メティヴィエだけです。1920年に、このマカロンの秘密のレシピを持っていた料理人マリー・メティヴィエの娘と、娘の夫フェルナン・ラヌーにより設立された店で、マカロンは販売当初から現在に至るまで、大変な人気を誇っています。特徴的な形で、最高にふんわりとした食感を損なわないよう、当日作ったものだけがオーブンシートに乗せられたまま12個単位で売られています。スイートアーモンド、ビターアーモンド、砂糖、卵白を使ったマカロンは、小ぶりで丸くておいしいお菓子。けれども実は、マカロンはフランス各地に存在します。北部のナンシー、スペイン国境近くのサン・ジャン・ド・リュズ、南西部のボルドーなど多くの町が我こそは伝統レシピと主張し、町ごとにドライなもの、メレンゲ、柔らかいものと食感も様々です。

　2000年代以降は流行のスイーツとなり、ラ・デュレやピエール・エルメをはじめとするフランスの名だたるパティシエたちがこぞって独自のレシピを開発しています。クリエイティビティあふれる有名メゾンのマカロンの中には、異国情緒を取り入れた一風変わった組み合わせもあります。たとえば現在フランスでも活躍する日本人パティシエ青木定治が生み出したのは、きなこ、ゴマ、小豆のマカロン。ピエール・エルメのイスパハンも、フランボワーズ、ライチ、バラと意外な組み合わせです。

LA FRANCE GASTRONOMIQUE

VIENNE

PATÉS DE CIVRAY   FROMAGE CHABICHOU   VIN DE LOUDUN   MACARONS DE MONTMORILLON

マセドワーヌサラダ

MACÉDOINE DE LÉGUMES

マセドワーヌサラダは野菜のミックスですが、給食ではたいてい子どもたちからそっぽを向かれてしまいます。以前はマヨネーズをあえて食べていたのですが、流行遅れになってしまい、今ではビュッフェで缶詰のマセドワーヌサラダが出てきても、何の感動も呼びません。

マセドワーヌの語源は18世紀にさかのぼり、様々な言語と文化がモザイクのように交じり合うマケドニア（フランス語でマセドワーヌ）から来ています。当時はものがもつれあう様子や多様性を指すのに、「マケドニアのように複雑」という表現が使われていて、この野菜サラダもマセドワーヌと命名されたのです。1740年に刊行された『ガスコーニュ地方の料理人（*Le Cuisinier gascon*）』という本に初めて掲載されたレシピでは、グリーンピース、ソラマメ、インゲンマメ、ニンジンが使われていました。小さく角型や菱形に切ってから塩水でゆで、生クリームをあえ、卵黄を加えることもあります。現在よく食べられているジャルディニエール・ド・レギュームと呼ばれる温野菜料理は、冷たいマセドワーヌサラダの現代版ですが、マセドワーヌサラダほど給食を連想させることはありません。季節により初物が使われることもあり、ニンジン、カブ、グリーンピース、カリフラワー、アスパラガスを、それぞれの風味を損なわないよう個別に加熱します。シンプルにバターで炒めてサイドディッシュにすれば、白身肉の汁と合わさって絶妙な味わいです。

MACÉDOINE DE LÉGUMES - La macédoine est composée de petits pois, haricots verts, haricots flageolets, navets et carottes coupés en petits morceaux. Lorsque les haricots verts, les navets et carottes sont entiers, le mélange de légumes porte le nom de " *Jardinière* ". Lorsque le mélange contient des choux-fleurs, il est appelé " *Salade Russe* " (voir au verso).

SITUATION des 12 USINES AMIEUX FRÈRES TOUTES EN FRANCE

☐ Régions approvisionnant les 12 Usines AMIEUX FRÈRES qui produisent par an 18 millions de boîtes et flacons

■ Lieux de production des légumes et viandes

PARIS

NANTES

PÉRIGUEUX

マロングラッセ

MARRONS GLACÉS

マロングラッセはすでにルイ14世時代から食べられていましたが、一般に広まったのは1882年のことで、フランス東部プリヴァ出身の若く大胆なクレモン・フォジエが普及に一役買いました。当時、ガール県からアルデシュ県まで南部セヴェンヌ地方の主要産業は養蚕でしたが、病気が流行し、経済は大打撃を受けました。フォジエは職種を変えることに決め、手作りの品質のマロングラッセを大量生産する技術を完成させました。こうしてこの伝統菓子は、フレンチスイーツの殿堂入りを果たしたのです。

しかしフォジエの卓越した点は、形が崩れてしまったマロングラッセを集めて、マロンクリームに使うという妙案を考え付いたことです。現在でもマロングラッセは値の張るお菓子で、年末年始のお祝いで盛んに食べられます。値段が高いのは作るのに時間がかかるためで、栗の殻をむいたら、時間をかけてゆでるか蒸して、丁寧に皮を取り除きます。その後少量ずつモスリン生地に包み、シロップに数日間漬け、糖分と栗の香りがほどよいバランスになるまで少しずつ濃度を上げていきます。それぞれの段階で栗を崩さないように細心の注意が必要で、最後にグラサージュと呼ばれる仕上げをします。フランス語では一般的に栗は「シャテーニュ」と呼ばれますが、ここで使われる大きな栗は「マロン」と呼ばれます。

LA FRANCE GASTRONOMIQUE

GARD

BRANDADE de MORUE de NÎMES — PÂTÉS de NÎMES — MARRONS GLACÉS — VIN DE — VIN DE — RAISINS
CONFISERIE de NÎMES — TAVEL — LANGLADE — FIGUES — OLIVES

ウナギのマトロト

MATELOTE D'ANGUILLE

　この料理はもともと水夫が食べていたため、マトロト^{マトロ}と呼ばれるようになりました。一種類あるいは複数種の魚を使い、小タマネギ、キノコを加えてワインで調理します。ワインの代わりにシードルを使ったり、ごくたまに細切りベーコンを加えたりすることもあります。地方ごとにその土地のものを使った、特色あるバリエーションがあります。ノルマンディー地方の船乗りはマトロト以外の魚料理を食べず、コードレとかショードロネとも呼んでいました。北東部のアルザスでも地方を代表する料理で、複数種の淡水魚を土地の白ワインで調理します。そうした魚の一つがカワメンタイですが、現在はアルザスからは姿を消してしまいました。

　マトロトにはヌードルを合わせるのが定番です。東部のブルゴーニュ地方ではポシューズと呼ばれ、アルザスの白ワインの代わりにブルゴーニュワインを使います。ポシューズという名は、釣り人たちが釣った魚を入れていたポッシュ（袋）に由来すると考えられます。20世紀末のフランスが誇る偉大なるシェフの一人ベルナール・ロワゾーは、シャロン＝シュル＝ソーヌ病院の1598年の会計簿にこのブルゴーニュ名物が記載されているのを目にしたことがあり、非常に歴史ある料理だと述べています。白ワインで調理したウナギのマトロトは、セーヌ川の支流マルヌ川岸の酒場の定番料理の一つで、ピカソは大好物のこの料理を描いて、最後の妻ジャクリーヌに贈ったと言われています。ジャクリーヌのマトロトは絶品だったそうです。

MATELOTE D'ANGUILLE (Boulonnaise)

漁師風ムール貝
MOULES MARINIÈRES

　　ムール貝の養殖は13世紀、フランス大西洋沿岸で始まり、その後、ノルマンディーで飛躍的に広まりました。「養殖場の」ムール貝と呼ばれる種類は、不当にも「貧乏人のカキ」とも呼ばれますが、今ではすっかりフランス人のお気に入りの食材の一つです。北フランスやベルギーでは、ムール貝にフライドポテトを付け合わせた一皿はムールフリットと呼ばれ、昔から広く食べられてきました。

　　白ワイン、エシャロット、パセリで調理して、気軽に手で食べられる漁師風ムール貝は、北フランスの町リールの古物市の名物料理です。この有名な市は12世紀にさかのぼり、大変な知名度と人気を誇っています。市の時期には、どのレストランの前に一番高いムール貝の殻の山ができるかを競うコンテストが開かれます。期間中、実に500トンものムール貝が消費され、通りに沿って殻が山のように積もります。やはりムール貝養殖が盛んな南西部のシャラント地方で出されるムクラードは、漁師風ムール貝に卵黄と生クリームを加えた人気料理。海辺の町ロワイヤン周辺では、エクラードと呼ばれる華やかなムール貝料理が食べられます。美しくプレートに盛られ、松の針葉で覆われたムール貝に火をつけて、高温で瞬時に貝が開いたところで食べます。

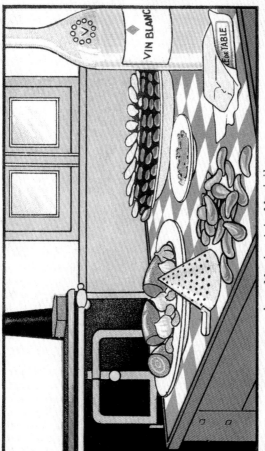

Les Moules à la Marinière

仔羊のナヴァラン

NAVARIN D'AGNEAU

　仔羊を野菜で煮込んだナヴァランは、おいしくて家庭的な料理。日曜日の家族の食卓を思い出させてくれる、ほっとする料理です。何時間も煮込んだ仔羊（肩肉と首肉）は柔らかくてジューシー。ラグー・ア・ブラン（褐色の煮込み）とも呼ばれるソースの煮込み料理で、肉をこんがりと焼いてから小麦粉をふり、アルコールとブラウン系のフォン・ブラン〔用語集参照〕あるいはブイヨンをかけ、ブーケガルニ、タマネギの薄切りやニンジンなどの香味野菜を加えます。さいの目に切ったトマト、濃縮トマト、砂糖少々を入れて、ほんのりと酸味をきかせたバリエーションも美味です。「プランタニエ〔春の〕」ナヴァランと呼ばれるバリエーションでは、初物のグリーンピース、ソラマメ、インゲンマメ、新ジャガイモを使います。

　けれどもナヴァランと言えばカブ。カブの風味が仔羊のうまみと混ざり合い、個性ある料理に仕上がります。フランス語でカブは「ナヴェ」ですが、ナヴァランの名もここから来ているのでしょうか。これは大いにありうる仮定で、カブを使ったほかの料理も「ナヴァラン」と呼ばれています。けれども、ギリシャで起きたナヴァリノの海戦にちなむという壮大な説もあります。1827年10月20日、イギリス、ロシア、フランスの連合艦隊はオスマン帝国艦隊を破りました。フランス艦隊のシェフが決定的勝利を祝って作った煮込みが、「ナヴァラン（ナヴァリノ）」と命名されたと伝わっています。

NAVARIN AUX POMMES

モンテリマールのヌガー

NOUGAT DE MONTÉLIMAR

古代ローマで皇帝アウグストゥスとティベリウスの料理人だったアピシウスは、ハチミツ、クルミ、卵を使ったヌガトゥムと呼ばれるお菓子を作っていました。のちのヌガーの原型です。中世の「ヌガット」も似たようなお菓子で、やはりハチミツとクルミが使われていました。

ヌガーが変化を遂げるのは、ようやく17世紀になってからのことで、フランス農学の父と呼ばれるオリヴィエ・ド・セールが、南仏の町モンテリマールにアーモンドの木を植栽させ、実を使ってヌガーを作りました。農夫たちも彼を真似、アーモンドは広く普及して、中世のヌガーに使われていたクルミに少しずつ取って代わりました。モンテリマールのヌガーのレシピが確立したのは、18世紀初めのことです。スイートアーモンドにプロヴァンスのハチミツと砂糖を混ぜ、卵黄を加えて、白く軽い生地を作ります。このレシピを考案したパティシエの名は不明ですが、有名になったいきさつはわかっています。1701年、ブルゴーニュ公爵とベリー公爵の大行列がモンテリマールを通りました。一行は1キンタル（100kg）のヌガーを贈られ、パリに持ち帰ったのです。この時を境にヌガーは盛んに宣伝され、町を訪れる著名人への贈り物に使われるようになりました。現在でもモンテリマールでは、13の製造所とたくさんの職人たちがこの有名なスイーツを作り続けています。

RÉUSSI LE NOUGAT

ヌードル
NOUILLES

ヌードルは各国の食習慣に取り入れられています。デュラム小麦、卵、水で作られたパスタが一般的で、生あるいは乾燥状態で売られており、たっぷりの湯に塩を入れてゆでます。中国ではすでに紀元前3世紀に麺を食べていたことがわかっていて、1295年にマルコ・ポーロがイタリアに持ち込んだとの説もありますが、事実はどうやら違うようです。イタリアでは古代ローマ時代から、ラガナと呼ばれる細長いリボンのようなパスタを食べていました。いわば、タリアテッレやラザーニャの祖先です。シチリア島で発達した乾燥パスタは、保存と輸送の点で画期的な食品ですが、そのもとをたどればアラブ人に行き着くようです。

ヌードルはスープの具にもなり、スターター、メインディッシュ、付け合わせとしても活躍します。チーズを加えたり、グラタンにしたり、詰め物にしたり、ソースであえたりと、子どもからお年寄りまで、すべての人に愛される食品です。20世紀にパスタ消費ナンバー1となったイタリアは、群を抜いたノウハウを編み出し、世界中から認められています。イタリアの外に目を向ければ、フランス北東部のアルザス地方にはシュペッツレ、南東部のサヴォワ地方にはクロゼと呼ばれるヌードルがあります。中華系ベトナム料理や日本料理でも、汁物や炒め物に麺が使われています。

ガチョウの栗添え
OIE AUX MARRONS

　ガンを家畜化したのがガチョウです。とても人気の高いジビエで、温暖な地域を渡る季節には、格好の標的でした。特に中世には盛んに食べられ、ローストガチョウの専門店が「オワイエ」と呼ばれるギルドを立ち上げたほどです〔フランス語でガチョウは「オワ」〕。当時、ローストガチョウは貴族の豪勢な食卓の一品で、果物や羽があしらわれて派手かつ贅沢に盛り付けられ、「厳かに」供されていましたが、現代人のよりシンプルなライフスタイルにはあまりマッチしておらず、最大12kgもあるガチョウの丸焼きを目にすることは少なくなりました。とは言え、美味なことに変わりはなく、フランスのいくつかの地域では伝統料理の一つとして不動の人気を誇っています。年末の食卓では、アメリカから持ち込まれた七面鳥に座を奪われたものの、フォワグラを詰めたローストガチョウの栗添えは、特にアルザス地方をはじめとするフランス東部のクリスマスディナーの定番の一つです。

　ガチョウは北ヨーロッパの国々でも人気の食材で、赤キャベツを漬けたものやコケモモを添えて食べます。フランス南西部のトゥールーズでは、お祝い事の食事以外でも、ガチョウをコンフィ〔脂肪漬け〕にしてカスレに使いますし、アルザス地方などでは、脂、レバー、鶏ガラをテリーヌ、パテ、リエットにします。スペインに近いジェール県やランド県では、ささみ、砂肝、首、心臓、タンをコンフィにしたり、フィリングにしたり、乾燥させたり、スモークしたりします。

OIE AUX MARRONS

VÉRITABLE EXTRAIT
DE VIANDE
LIEBIG

Voir au Verso.

セレスティーヌ風オムレツ

OMELETTE À LA CÉLESTINE

この料理が初めて記述されたのは、幼いルイ13世の医師による報告書で、食欲旺盛な幼王には「混ぜた卵」料理が望ましいと書かれています。オムレツの語源としてもっとも有力なのは、古フランス語で「混ぜた卵」を意味する「ウッフ・メスレット」という説です。セレスティーヌ風オムレツのレシピは、ルイ14世の従僕ニコラ・ド・ボンヌフォンが1662年に発表した『田園の美味（Délices de la campagne）』に掲載されています。庭と伝統料理を愛するボンヌフォンが記したレシピは、現代のオムレツとスクランブルエッグを足して2で割ったような料理で、卵をよく混ぜ、バター少々を入れて熱したフライパンに投入し、木のスプーンやフォークなどでかき回し、裏返してお皿に盛ります。

しかし知名度の点では、モン・サン・ミシェルのレストラン、ラ・メール・プラールのオムレツがダントツです。1873年にヴィクトール・プラールのおかみさん、アンヌ・ブティノーが考案したレシピで、現在でも何千人ものグルメがこのオムレツを食べにやってきます。ポイントは、ぱさぱさになってしまう前に火を止めること。完璧な焼き加減はシンプルで風味豊かなオムレツの必須条件で、高級な食材を添えることもあります。丸く包むようにしたり、半月型に折ったりして、中身が柔らかい状態で食べます。バスク地方では、これに野菜やエスプレット産トウガラシで作ったピペラードを添え、スペインではジャガイモを加えたトルティーヤ〔スパニッシュオムレツ〕を食べます。

L'Omelette.

パン・ペルデュ
PAIN PERDU

　フランス語で「残りのパン」を意味するパン・ペルデュは、古くから食べられている経済的なフランス名物です。パンは庶民の貴重な基本食材で、残ったパンはパン粉、クルトン、フィリング材料として使われていました。パン・ペルデュもその一つで、硬くなったパン切れを牛乳と卵に漬け、フライパンやオーブンで焼きます。長いこと質素な一品でしたが、残り物を使った便利でおいしいスイーツとして食べられるようになります。北フランスやアルザス地方では、パン・クロテ（泥で汚れたみすぼらしいパン）とかパン・フェレ（蹄鉄パン）とも呼ばれ、リンゴベースのお酒ポモーでフランベしてリンゴジャムと一緒に食べるノルマンディー地方のように、独特な食べ方をする地域もあります。

　現在では硬くなったパンの代わりに食パンやブリオッシュが使われ、スパイス、バニラ、オレンジ花水で香り付けすることもありますが、オーブンやフライパンで焼くのは、昔のまま。温かいほうがおいしく、砂糖や粗糖をふったり、メープルシロップをかけたりしていただきます。軽く焦がして、アイスクリームやフルーツソース、生クリーム、チョコレートソースをかければ、より食べごたえのあるスイーツに。カナダのケベック地方にはパン・ドレ（ゴールドパン）、アメリカにはフレンチトースト、イギリスにはブレッド・アンド・バター・プディングなど、たくさんの類似レシピがあります。シェフもアレンジし、有名レストランのメニューにも、チーズをかけて焦がし、野菜、キノコ、はたまたフォワグラを添えたソルティなバージョンが載っています。

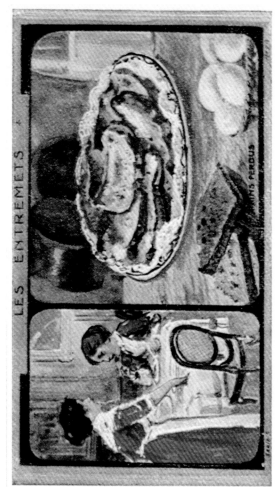

PAINS PERDUS

フォワグラのパテ

PÂTÉ AU FOIE GRAS

　フォワグラは近代の発明でも、フランスだけの食べ物でもなく、すでに古代エジプトでも、ガチョウに強制的に飼料を食べさせて太らせていました。当時の狩人たちは、渡りの季節の初期と後期では、鳥類の肝臓の大きさにかなりの違いがあることに気が付いていました。また肥えたガチョウの肉が美味であることも知られており、強制給飼が始まったのです。おかげで、家禽も渡り鳥と同じ性質を獲得し、以降、この手法は時代と国境をまたがって広がりました。

　伝統的に、肥えたガチョウを食す習慣は、冬の到来を祝う聖マルティヌスの日と結び付いています。言い伝えによれば、司教に任命されそうになったマルティヌスは、ガチョウの間に交じって身を隠したのですが、ガチョウが騒ぎ立てて見つかってしまったとか。その後、397年11月11日に他界したマルティヌスを記念して、脂の乗ったガチョウのごちそうを食べる習慣が生まれ、この日がフォワグラシーズンの始まりと考えられるようになりました。特に飼育地域を中心にガチョウのパテ、テリーヌ、様々なコンフィ〔脂肪漬け〕が盛んに生産されていますが、現在ではガチョウと並んで鴨も人気食材です。11月中旬から3月中旬にかけて、伝統的な食肉専門市場（マルシェ・オ・グラ）では、生、缶詰、瓶入りのフォワグラが盛んに売られています。特に年末は消費のピーク。現在、アルザスと南西部の2大地方がフォワグラ生産の伝統を受け継いでいます。

PÂTÉ DE FOIE GRAS TRUFFÉ » c'est le Périgord qui, en France, fournit les prunes les plus parfumées et les foies d'oies les plus renommés ; c'est pour cette raison que fut créée l'une des 12 Usines Amieux-Frères qui met également les truffes en boîtes et en flacons. (voir au verso).

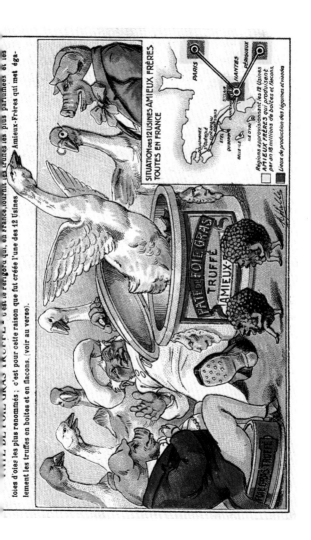

SITUATION des 12 USINES AMIEUX FRÈRES TOUTES EN FRANCE

Régions approvisionnant les 12 Usines AMIEUX FRÈRES qui produisent par an 18 millions de boîtes et flacons.

Lieux de production des légumes et viandes

PÂTÉ DE FOIE GRAS TRUFFÉ
TRUFFÉ
AMIEUX

FOIE GRAS TRUFFÉ

野ウサギのパテ
PÂTÉ DE LIÈVRE

　フランスのような狩猟を伝統とする国では、野ウサギのパテには地域ごとに多くのバリエーションがあります。18世紀になると、食品加工業者のニコラ・アペールが加熱殺菌法を発明し、肉のパテの歴史に大きな転換点が訪れます。加熱処理と密封技術を組み合わせたこの方式は、食品保存に革命を起こしました。

　現在では、パテは田舎風のイメージで、料理本ではチェック柄のテーブルクロス、パン・ド・カンパーニュ、ピクルスなどと一緒に写真に収まっていますが、野ウサギのテリーヌにはもう少し凝った演出がきいています。たいていの野生動物がそうですが、野ウサギの肉も脂肪分が少なく、強烈な風味なので、香りの強い調理に向いています。昔から伝わるレシピでは、白ワイン、蒸留酒、タイム、ローリエ、スパイス、ネズの実にマリネした肉を、同量の豚脂、豚バラと一緒に細かく挽きます。まろやかな食感になるように、肉ベースのパテには必ずある程度の量の豚肉や豚脂を入れます。大々的なお祝い事には、トリュフやフォワグラを使った香り高いテリーヌやパテを……。加熱段階はとても重要。フランス語で豚肉加工業者を指す「シャルキュティエ」も、文字通りには「肉を加熱する人」の意味で、「加熱した肉」が語源、と聞けば、その重要さのほどがうかがえます。

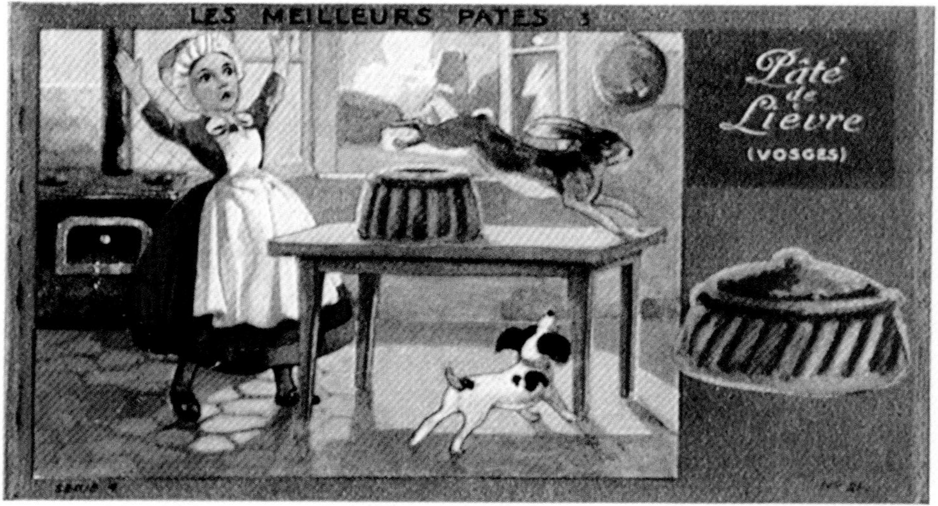
LES MEILLEURS PATES 3
Pâté de Lièvre
(VOSGES)

ピーチ・メルバ
PÊCHES MELBA

ネリー・メルバにささげられたとても有名なスイーツで、フランス語ではペッシュ・メルバ。メルバはオーストラリア、メルボルン出身のオペラ歌手で、故郷への愛着からメルバという芸名を選びました。1893年、ロンドン、コヴェント・ガーデンでワーグナーのオペラ『ローエングリン』に主演して大成功を収めた彼女のために、サヴォイ・ホテルの偉大なるフランス人シェフ、エスコフィエが考案しました。彼は1900年にも、ロンドン屈指のカールトン・ホテルのメニューに、すっかり有名になったピーチ・メルバを載せました。ベースはバニラシロップで煮た半身の桃で、これをバニラアイスクリームの上に乗せます。

このスイーツのユニークな点はシェフの考案した盛り付けで、タンバルと呼ばれる銀の器に盛り、砂糖で作った糸あめで桃を覆って、その上にバニラアイスクリームで作られた白鳥を乗せました。現代のピーチ・メルバはこうした演出に縛られることなく、シンプルにアイスクリームと、スグリのジュレやフランボワーズソースをかけて出されます。「クープ・メルバ」の呼び名はいくつかのスイーツを指しますが、いずれもアイスクリームと生クリーム、アーモンドスライスが添えられます。桃の代わりにイチゴや洋ナシが使われることもあります。

ペ・ド・ノンヌ

PETS DE NONNE

　ペ・ド・ノンヌは「修道女のおなら」を意味しますが、語源は同音で綴りの違う「修道女の平安」と言われています。ふんわりとした揚げ菓子で、15世紀にある修道女が考案したそうです。言い伝えでは、ライバルの修道院にこのレシピを渡して、仲直りをしようとしたとか。その後、シュー生地をスプーンで丸めて熱い油で揚げたスイーツが、「風の揚げ菓子」とか「修道女のため息（スーピール・ド・ノンヌ）」と呼ばれるようになりました。グラニュー糖をふり、温かいうちに手で食べます。

　ペ・ド・ノンヌの従兄弟分に当たるのが、ププランというお菓子で、ルネサンス時代の多くのスイーツと同じく、16世紀のフランス王妃カトリーヌ・ド・メディシスの料理人の一人ポペリーニが考案しました。フランスに興入れしたカトリーヌにお供してイタリアからやってきた彼は、ププラン作りのために、小麦粉、バター、水を混ぜたものを加熱して乾燥させ、卵で戻すというテクニックを考案し、この生地は「あつあつの生地（パット・ア・ショ）」と呼ばれました。19世紀には、偉大なるパティシエ、アントナン・カレームがこの生地を刷新し、現代のシュー生地（パット・ア・シュー）が生まれました。ソルティでも甘くもないプレーンな味で、オーブンの中で大きく膨らむシュー生地は、カスタードクリームやバターを詰めたスイーツにも、チーズを混ぜたソルティなグジェールにもなります。クロカンブッシュ、エクレア、プロフィットロールなど、アントナン・カレームがシュー生地を使って作った様々なペストリーは、現在でも広く愛されています。

プティ・パテ・ド・ペズナス

PETITS PÂTÉS DE PÉZENAS

仔羊肉、腎臓の脂肪、卵黄、レモンの皮、ナツメグ、シナモン、粗糖をベースにした甘辛いフィリングを詰めた不思議な食べ物です。18世紀にインドを治めていたロバート・クライヴ卿が南仏モンペリエで病気の治療を受けるため、ペズナス村の近くに滞在しました。その時に卿がインドから連れてきたお抱え料理人がこのレシピを考案し、現代まで手を加えられずに伝わっています。村人の温かいもてなしに感激した卿は、謝意を示すため、料理人がこの秘密のレシピを数人の客人に教えることを許可しました。スパイスのきいたスコットランド風サモサのような、インド風ミンスパイのようなこの変わった食べ物は、ペズナスのシンボルとなりました。レース帽をかぶったようなボビン型で、高さ6cm、直径4cm、重さ35gと完璧なサイズ。地域のパティシエが販売を始めるや、大変な人気となりました。現在でもペズナスのスイーツ店やパン屋では1個単位で売られていて、スターターにもデザートにもなり、年に25万個が販売されています。1991年には地域の食の伝統を守るため、プティ・パテ・ド・ペズナス同業者組合が設立され、クオリティに目を光らせています。

プティポワ・ア・レトゥフェ

PETITS POIS À L'ÉTOUFFÉE

プティポワ・ア・レトゥフェはとてもおいしいサイドディッシュ。グリーンピースをバター、ほんの少量の水、小ぶりな新タマネギ、レタス、砂糖少々と一緒に蒸し煮にします。生のグリーンピースを調理するようになったのは近代のことで、中世にはもっぱら乾燥状態で使われていました。ルイ14世の愛妾だったソワソン夫人のお抱え料理人オーディジェが、生のまま調理できる品種をイタリアから持ち込んだと言われています。

1660年1月18日、フランス宮廷で盛大な宴が開かれ、そこで供されたこの新しい野菜に、宮廷人たちは過剰なほど熱狂しました。ルイ14世もすっかり気に入り、王の寵姫マントノン夫人は1696年に、「この数日間、男性王族は食べたいという熱望、食べたという喜び、さらに食べるという楽しみの3つにすっかりとりつかれています」と書きました。以降、様々な料理にグリーンピースが取り入れられました。エスカロップ・ア・ラ・クラマールは、パリ近郊の町クラマールで栽培されていた品種にちなんだ料理で、ポタージュ・ア・ラ・フォンタンジュはやはりルイ14世の愛人だったフォンタンジュ公爵夫人にちなんで命名された、スイバとチャービル風味のグリーンピースポタージュです。グリーンピースは19世紀まで「アントルメ（ここではロースト肉の後に出される料理を指す）の王様」的野菜で、食通グリモ・ドゥ・ラ・レニエールも『フランスの美食術 (Le Gastronome français)』(1828年) で、「パリで食べられるあらゆる野菜の中でも、グリーンピースはまぎれもなく最上だ」と書いています。

PETITS POIS – Quatre des 12 Usines Amieux-Frères ont été créées au centre des cultures de petits pois les plus renommées. Sitôt cueillis, les petits pois sont apportés aux Usines Amieux - Frères qui, durant la récolte qui a lieu en Mai et Juin, en préparent 120.000 k⁵⁰ par jour. (voir au verso).

SITUATION des 12 USINES AMIEUX FRÈRES TOUTES EN FRANCE

PARIS
NANTES
BORDEAUX

☐ Régions approvisionnant les 12 Usines AMIEUX FRÈRES qui produisent par an 18 millions de boîtes et flacons

■ Lieux de production des légumes et fruits

ブルゴーニュ風鳩肉

PIGEONS À LA BOURGUIGNONNE

　「ブルゴーニュ風」とは、赤ワインで調理され、小タマネギの
グラッセ、バターで炒めたマッシュルームの薄切り、キツネ色に
炒めた細切りベーコンを添えた料理の総称です。赤ワインを
使った煮込みですが、ラグーという言葉は、「味をよみがえらせる」
を意味する古フランス語から来ています。ゆっくりと火を通すこ
とで、硬めの肉も柔らかくなります。野鳥であるモリバトもその
一つ。ジビエは脂肪分が低く、少しぱさぱさしているのが特徴
ですが、弱火で時間をかけて調理すれば味が開きます。

　同様に、ブルゴーニュ地方のもう一つの名物コック・オー・
ヴァンも、年のいった鶏など家禽類のやや硬い肉を赤ワインに
漬け、ゆっくりと時間をかけて柔らかく調理した料理です。東部
に位置するブルゴーニュ地方は肥沃で、フランス屈指の豊かで
多様な食文化は広く知られています。世界的な評価を誇るブ
ルゴーニュ産の高級ワインは、伝統色の強い料理と好相性。
ウッフ・アン・ムーレットと呼ばれる赤ワイン仕立てのポーチド
エッグ、ブルゴーニュのエスカルゴ、淡水魚を白ワインで煮込ん
だポシューズ、ブッフ・ブルギニョン〔ブルゴーニュ風牛肉の煮
込み〕などの有名なものから、マスタードの都として知られる
ディジョンの名物料理ウサギのマスタードソース添えまで、広く
愛される数々の料理は、ブルゴーニュという伝説的な土地と密
接に結び付いています。いろいろな料理を最高のブルゴーニュ
ワインと合わせて、絶妙のバランスを楽しみましょう。

PIGEONS

A LA BOURGUIGNONNE

Faites revenir lard coupé en morceaux, retirez, faites prendre couleur aux pigeons, saupoudrez de farine, mouillez de bouillon et de vin rouge, ajoutez bouquet de persil et champignons.

PART A TROIS

IMP. Etienne, Paris

ピサラディエール

PISSALADIÈRE

ピサラディエールは、オリーブオイルで生地をこね、伸ばしてからピザのように窯で焼いたものですが、ピザから派生したわけではありません。語源はイワシ、サバ、アンチョビを使ったピサラットという濃いソース。ピサラットは南東部ニース地域の方言（ニサール）で塩辛い魚を意味する「ペイス・サラト」から来ています。

その昔、漁師たちは長い時間をかけてピサラットを調理していました。まず、売るには小さすぎる魚を数週間塩に漬けます。その後これを濾して、さらに裏ごしします。そして、パン屋でパンを焼いた後の窯に、余った生地を入れて焼いてから、これにピサラットを塗ります。そこに何時間も弱火で煮詰めたタマネギをたっぷりと乗せ、ニースの楕円形のオリーブを一つかみ取って上から散らし、短時間窯に戻します。今ではイワシやカタクチイワシの稚魚の漁は厳しく規制されているため、ピサラットは少量しか作られていません。漁の季節になると、マントンからアンティーブまでのニース地域で、30人ほどの漁師たちが数週間かけて作っているだけです。現在ではたいてい、この手間暇のかかる魚のペーストの代わりに、塩漬けアンチョビの骨を取って、塩を抜き、ペーストにして使います。

LA FRANCE GASTRONOMIQUE

ALPES-MARITIMES

FIGUES   ANCHOIS   HUILE D'OLIVE   THON   EAU DE FLEURS D'ORANGER   ORANGE   CITRON   CAROUBES

ポトフ

POT-AU-FEU

「オ・ポ〔深鍋を使った〕」調理法は農村部から来ており、大鍋を1日中火にかけて放っておいても完成する煮込みは重宝されていました。肉や野菜を入れ、何らかの液体をかけてから、火床に吊っておきます。とは言え、最上のポトフ作りにはいくつかの決まりがあります。最低3〜4時間かける長時間調理は基本中の基本。牛肉のコラーゲンはごく弱火で分解するので、肉汁に肉のうまみがあますところなく閉じ込められるのです。すでに中世では、この美味なエキスを生かしたポタージュ、ポテ〔p134参照〕、鶏の煮込み、ポトフが作られていました。肉でも野菜でも、あるものすべてを大鍋や深鍋に入れて煮込みます。ただし、少なくとも3〜4種類の部位の肉を入れて、異なる食感を楽しむのがポトフの特徴で、外モモ肉、中部バラ肉、ジュモー〔肩前部〕、肩ロース、スネなど、脂肪分が少ないけれども柔らかな口当たりの肉と、本物のポトフには欠かせない骨髄を入れます。肉屋ではこれらの部位をバ・モルソー〔下の肉〕と呼びますが、これは何も味わいが劣るからではなく、地面に一番近い部位だからです。

簡単に作れる上、残っても冷たいままサラダにして、くっきりとした味のドレッシングを添えたり、テリーヌにしたり、アッシ・パルマンティエ〔p86参照〕にリメイクしたりと、とても経済的な料理です。

H. 571

CUISINE FANTASTIQUE — LE POT-AU-FEU. STUPÉFACTION GÉNÉRALE

ポトフ・フラマン

POT-AU-FEU FLAMAND

　ルネサンス時代、フランドル語で「揺らす」を意味する「オシェ」と、「ポ(深鍋)」が混じって、「オシュポ」という言葉ができました。文字通りには「深鍋を揺らす」です。ひき肉、カブ、栗を使った煮込みで、液体もブイヨンも入れずに調理するのですが、鍋底が焦げ付かないように、その名の通り時々「揺らす」必要があります。

　オシュポはフラマンすなわちフランドル地方の伝統料理で、様々な種類の肉が入っているのがその他のポトフにはない特徴です。オックステールも入れば、マトンの肩肉、豚の耳、豚脂の塩漬け、ソーセージも入り、さらにポトフにおなじみの野菜を加えます。じっくりと煮込んだ冬の定番料理ですが、フランドル地方にはもう一つ広く知られる煮込み料理があります。カルボナード・フラマンドと呼ばれるどっしりとした料理で、牛肉にパンデピス〔ハチミツや様々なスパイスを使ったケーキ〕少々、マスタード、粗糖で焦がしたタマネギを加えて、ビールで甘辛く煮ます。付け合わせは、必ずと言っていいほどフライドポテト。パリにはビストロ、リヨンにはブション、アルザスにはヴィンシュトゥブと呼ばれる気軽なお店があるように、北フランスにはエスタミネと呼ばれるお店があります。オシュポはそうしたお店で、冷たいビールと一緒に楽しむ料理なのです。

POT AU FEU (Recette flamande)

ヴルーテ・ポタージュ
POTAGE VELOUTÉ

　「古びた鍋ほどうまいスープができる」とは古くから伝わることわざで、現代でも様々な分野に当てはまりますが、腹持ちのいいスープが、昔から食されてきた伝統料理であることがうかがえます。「スープ」という言葉は様々な料理を指す総称で、材料によって手の込んだもの、簡素なものなどがありますが、結局はどれももとをたどれば古き良きスープに行き着きます。ポタージュの語源は「ポ（深鍋）」で、深鍋の中に食材を入れ、ブイヨンで煮ていました。野菜が煮詰まってピュレ状になり、そこに生クリームを入れるとクリームポタージュになります。卵黄でつないだ、なめらかでまろやかなスープがヴルーテ。コンソメはとても香り高く、卵白を使ってアクを取り除いた透明なブイヨンです。肉と野菜を使ったスープはブイヨンですが、フュメと呼ばれるスープには魚や甲殻類が使われ、そのヴルーテバージョンがビスクです。

　食生活への意識が強まり、野菜の栄養価に注目が集まる現代では、冷製スープや温かいポタージュに再び注目が集まっています。気軽にスープが作れるようになった背景には、19世紀末に発明された食品乾燥技術があります。ドイツのフォン・リービッヒ男爵は長期保存が可能な肉エキスの抽出に成功し、スイスのジュリアス・マギーはマギーブランドのブイヨンキューブを売り出しました。

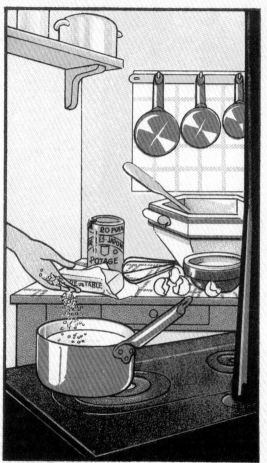

Potage velouté

ポテ・フェルミエール
POTÉE FERMIÈRE

　煮込み料理のポテと言えば中央山地に位置するオーヴェル
ニュ地方ですが、ロレーヌ風、ブルターニュ風、リムーザン風、ア
ルザス風、ジュラ風など実はフランス各地に存在しています。
キャベツ、ジャガイモ、ニンジン、ソーセージ、豚の様々な部位を
入れた大鍋を暖炉に吊って、火にかけっぱなしにしておくごくシ
ンプルな料理法は農村部で重宝されました。

　ポテと呼ばれる料理には、必ずキャベツと塩漬けの豚肉食品
が入っています。と言うのも、昔は農家の地下室で何か月もの
間肉を保存しておくには、塩に頼るしかなかったからです。一
週間の間一家を養う食事として考案されたポテは、毎日材料
を足して、火にかけられていました。食べ方は2段階に分かれ
ていて、まずはパンを添えてブイヨンとして飲み、次に肉、野菜
を食べます。最後に残ったものはキャベツの詰め物にしたり、団
子にしたり、トゥルト〔パイ包み〕にしたりしました。各地方でと
れる農産物の数だけポテの材料があり、肉もスネ肉、バラの
脂、ハムの最後に残った部分、いろいろなソーセージ、とバラエ
ティに富んでいます。これらが一体となって、おいしくて楽しい
一品が生まれるのです。粒マスタードをつけて食べるのが定番
で、フランスの伝統の王道を行く田舎料理です。おいしいから
こそ決して時代遅れにならず、いつまでも万人から愛されてい
ます。

La Potée Fermière

鶏肉のクレソン添え

POULARDE AU CRESSON

　薬用効果がある上、ピリッとした風味のクレソンは、古代でも広く食べられていました。クレソンは調味料でいながら野菜でもあり、中世のフランスでは、「菜園のハーブ」として絶大な人気を誇りました。すでに12世紀には、アルトワ、ピカルディー、トゥーレーヌの各地方や、パリ近郊で盛んに採取されていたそうです。唯一残念な点は、野生のクレソンにはカンテツやジストマなどの寄生虫が入り込んでいる可能性があり、肝臓を侵して、時には死に至るほどの重篤な病を引き起こす場合があることです。17世紀にクレソンの栽培が始まると、順調に発展して、1835年には約50人もの栽培者がいました。現在、栽培地はパリ首都圏に集中しており、寄生虫による汚染リスクのないクレソン・ド・フォンテーヌ（オランダガラシ、*Nasturtium officinale*）が品質保証の認証を受けて、栽培されています。

　クレソンと煮た魚や白身肉の組み合わせはフランス料理の定番で、クレソンをバターと一緒にミキサーにかけてポマード状にし、鶏肉と野菜を煮た汁で伸ばします。このクレソンのクリームソースを切り分けた肉にかければ出来上がりです。19世紀、かのアントナン・カレームは著書『フランスの給仕長（*Le Maître d'hôtel français*）』で、鶏肉のクレソン添えに言及し、食事の中間でサービスされる「ロースト料理」と説明しました。現在では、クレソンは主に料理の盛り付け、ポタージュ、サラダの調味料として使われています。

POULARDE AU CRESSON

VÉRITABLE EXTRAIT
DE VIANDE
LIEBIG

Voir au Verso

ベアルン風鶏肉のライス添え
POULE AU RIZ BÉARNAISE

　　鶏肉とライスにソースシュプレーム〔ブイヨンと生クリームがベースのソース〕を添えた、ピレネー山中のベアルン地方の料理です。フランスおよびナバラ国王アンリ４世も愛した伝統料理「プール・オ・ポ〔鶏肉の深鍋煮込み〕」を、偉大なる料理人たちが「プール・オ・リ・ベアルネーズ〔ベアルン風鶏肉のライス添え〕」と洒落た名前の立派な一品に仕立てました。言い伝えによれば、この料理の生みの親はアンリ４世で、サヴォワ公爵に「神がまだこの身を生かしてくださるのなら、我が王国に深鍋で煮た鶏肉を食べられないような農民は一人たりともいないようにしよう」と語ったとか。こうして、半世紀にもわたる戦争のために疲弊していたフランスで、プール・オ・ポは繁栄の回復、すべての人が共有するゆとりの象徴となったのです。

　　現在でも南西部の町ポーのレストラン、給食、老人ホームでは、12月13日にアンリ４世の誕生を祝ってプール・オ・ポが出されます。詰め物をしたり、マリネしてブイヨンで煮たりした鶏肉に、ニンジン、カブ、ポロネギを添えますが、何時間も煮込むので、年がいった身の硬い雌鶏肉を選ぶのがポイントです。理想的なのは、４歳くらいで肉付きのいい、お役御免の産卵鶏。煮汁の表面に浮かぶ脂肪分でライスを炊いて付け合わせにしたり、フィリングしたキャベツを添えたり、ブイヨンにヴェルミセルと呼ばれる細いパスタを入れたりします。伝統的な食べ方では、ホワイトソースやヴィネガーベースのソース、トマトソースを添えることもあります。

POULE AU RIZ (Béarnaise)

鶏肉のブレス風クリーム添え

POULET À LA CRÈME BRESSANE

　鶏肉の名産地、フランス中東部のブレス産の去勢鶏について最古の文書は、ブール＝ガン＝ブレスの町の1591年11月付の記録簿にさかのぼります。家禽類の世話は長いこと女性の仕事で、男性は農作業に集中していました。ブレス地域の調理法ではクリームを使うのが定番で、19世紀初頭には食通ブリア＝サヴァランも、脂が乗ってまろやかな味わいのブレス産雌鶏に驚嘆しました。彼が「家禽類の女王、王の家禽類」と呼んだブレス産の鶏肉は、この地域の高級食材と合わせると最上の味わいを発揮します。モリーユ茸やジュラのヴァン・ジョーヌ（黄ワイン）を合わせたり、皮の下にトリュフを詰めたり、ブイヨンで煮てソースシュプレーム（ブイヨンと生クリームがベースのソース）をかけたりと様々なレシピがあります。

　先祖伝来の方法で飼育されるブレス鶏は、フランスでAOC（原産地統制呼称）が認められた唯一の鶏肉です。優れた風土、ハーブ、穀類、ミミズを基本とした自然なエサ、そして最後に乳成分を添加した粉末トウモロコシをやって肥えさせることで、あの美味な肉が生まれるのです。ゴロワーズと呼ばれる品種は青い足、白い羽、鮮やかな赤のトサカが特徴ですが、これはフランスの国旗の色でもあります。19世紀に農業共進会が発足すると、ブレス鶏は家禽類コンクールで賞を総なめにしました。その後広く販売され、ブレス地域にあるジョルジュ・ブラン、リヨンのポール・ボキューズといった最高級のレストランでも供されています。

POULET A LA CRÊME (Bressanne)

猟師風鶏肉
POULET CHASSEUR

　「猟師風」と呼ばれる調理法は、17世紀初頭の貴族フィリップ・ド・モルネイに由来すると言われています。料理名から想像できる通り、このレシピはもともと狩りの獲物——鳥やその他のジビエ——を調理するために考案されました。仕留め方が悪かったり、傷んだり、年老いて硬くなったりした獲物を切り分けて、キノコ、エシャロット、白ワインベースのソースでじっくりと煮込みます。

　その後変化を遂げて、より洗練された「猟師風ソース〔ソース・シャスール〕」になり、偉大なるシェフ、オーギュスト・エスコフィエがこれをレシピとして確立し、現在にまで受け継がれています。ジビエはもちろん、家禽もウサギも猟師風に調理できます。ソースとはその料理の素材を感じさせ、メインとなる風味を備えていることが必須というのがエスコフィエの持論で、小麦粉や脂肪分を加えずにフュメ〔魚のだし汁〕や汁を煮詰め、ソースをより軽くしたのが、彼の功績です。猟師風ソースも秋の森の木の下に生えるキノコの風味を生かし、骨とくず肉で作ったブラウン系のフォン・ブラン〔用語集参照〕と混ぜます。こうした基本材料に、みじん切りにして白ワインで煮詰めたエシャロット、さいの目に切ったトマト、細かく刻んだパセリを加えます。

Poulet chasseur.

マレンゴ風鶏肉
POULET MARENGO

　白ワイン、トマト、ニンニクで調理したこの料理は、イタリア北西部のピエモンテ州の村にちなんで命名されました。1800年6月14日、ナポレオンはこの村でオーストリアに辛くも勝利を収めました。食糧が不足していたために、戦の夜、厨房担当士官デュナンは、近辺から鶏肉、トマト、ザリガニ、卵、白ワインなどをかき集めて、間に合わせの夕食を用意しました。ナポレオンが舌鼓を打ったこの料理は、村名にちなんで「マレンゴ」と呼ばれるようになりましたが、ザリガニは途中から使われなくなりました。このソテー料理はもともと鶏肉のために考案されたレシピですが、現在では仔牛肉を使います。

　戦争に関連する地名や人名が付された料理はほかにもあります。バター、トウガラシ、ピーマンがベースのソース・アルブフェーラはアントナン・カレームが、ナポレオン戦争、特にスペインの戦役で活躍したスーシェ元帥アルブフェーラ公爵に敬意を示して考案しましたし、イギリス版牛フィレ肉のパイ包み、ウェリントン風牛フィレ肉は、ワーテルローの戦いでナポレオンを破ったウェリントン公爵アーサー・ウェルズリーにちなみます。クリミア戦争時に仏英軍のスイス兵が考案したチーズフライ、マラコフは、1854年にロシア軍が立てこもり、のちにフランス軍に奪取されたセヴァストポリ要塞のマラコフ塔から来ています。

POULET MARENGO

トゥーレーヌ風リエット
RIETTES TOURANGELLES

　リエットは古くからある料理で、すでに16世紀には、文人ラブレーがこの「豚肉の褐色のコンフィチュール」に舌鼓を打ちました。リエットは、何も無駄にしないという農民の暮らし方を雄弁に象徴する一品でもあります。農家では豚を屠殺すると必ず、貴重な部位を塩漬けにした後の残り肉を大鍋に入れて、ラードや香味料と一緒に繊維が溶けるまで長時間かけて加熱しながら漬け込んでいました。じっくりと火を通したら、長時間かけてたたいて伸ばし、脂肪の多い部分と少ない部分を均一に混ぜます。こうして出来上がるのが、かのリエットです。脂肪分が表面で固まって保護膜になるので、リエットは瓶保存が可能です。

　フランス中部のトゥーレーヌ地方の調理法では、3分の1は高脂肪の、3分の2は低脂肪の肉を使い、切り分けてから、強火できつね色に炒めます。その後漬け込み、最後にキャラメル色になるまで加熱します。この製法で作られたリエットは、より単純なル・マンのリエットよりもコクのある風味です。豚肉のリエットは農村部のにぎやかな食卓に欠かせない一品で、脂っこくとも、まだ「健康的な食事」ブームの犠牲にはなっていません。現在では多様な好みに合わせて、鴨、鶏、ガチョウ、ウサギの肉を使ったリエットや、魚好きの人も楽しめる魚のリエットもあります。豚肉のリエットとの唯一の共通点は、火を通した肉とクリームやバターなどの脂肪分をつなぎにして混ぜたまろやかな食感ですが、魚の方が軽いことは言うまでもないでしょう。

RILLETTES (Tourangelle)

ノロジカのロースト、グランヴヌール・ソース添え

RÔTI DE CHEVREUIL SAUCE GRAND VENEUR

　狩りは中世の貴族の特権でしたが、現代では誰もが楽しめるようになりました。大型ジビエの中でも、ノロジカの肉は群を抜いて柔らかく、鹿やイノシシに比べてくせもそれほど強くありません。狩りの季節になると、高級レストランでは、ノロジカの腿肉、鞍下肉、フィレ肉が丁寧に調理されて、最高級のジビエ肉（フランス語では「ヴェネゾン」）としてサービスされます。腿肉を意味する「キュイソ」は12世紀にさかのぼる言葉で、シカ科やイノシシなど大型ジビエのみに使われます。17世紀になると、ここから「キュイッソー」という言葉が派生しましたが、こちらは狩りの獲物ではなく、肉店で販売される肉の腿を指します。

　肉を赤ワインにマリネしてからローストし、グランヴヌール・ソースを添えるのが伝統的食べ方です。ワインを使ったこのソースの名付け親は名シェフ、エスコフィエで、従来のレシピに手を加えて、伝説的なソースに仕立てました。正確に仕上げたソースは最高の味わいで、マリネに使った赤ワインを野菜や香料と共に煮詰めて、ジビエのフォン〔用語集参照〕やローストしたときの肉汁を合わせたルーでつなぎます。スグリのジュレを添えると、ほのかに甘い酸味が絶妙なバランスで、栗のピュレやキノコを合わせれば、秋の味覚や森の香りを堪能できます。

VÉRITABLE EXTRAIT DE VIANDE LIEBIG.

MENU.

Potage vert pré.

Saumon sauce hollandaise.

Epaule de Mouton. Céléri.

Poulet-sauté à la Marengo.

✳Filets de chevreuil. Compote.

Bombe rose.

Dessert.

✳Voir au verso.

フルーツサラダ

SALADE DE FRUITS

　ルイ14世のすばらしい菜園が設立されると、生果は大人気の贅沢品となり、バスケットにピラミッド型に盛られたり、サラダに仕立てられたりしました。爽やかで色合いもよいフルーツサラダに、調理法という言葉は少々大げさかもしれませんが、いつの時代も愛され、数世紀のうちに世界各地の果物が使われて豪華さを増し、視覚的にも同系色でまとめた現代風なデザートに変身しました。定番は黄色やオレンジ系のエキゾティックフルーツで、夏になると、ピンク、赤、紫系のベリーフルーツが加わります。ピクニックで食べたり、クリスタル容器に盛って、真っ白なテーブルクロスを敷いた食卓を鮮やかに彩ったりと、万能のデザートです。フルーツの切り方や盛り付け方で大きく変わり、サクランボやベリーの大きさに合わせて四角く切ったり、ブドウのように楕円形に切ったりと、形を工夫して均等な大きさに切れば、互いの味を邪魔せず、それぞれの風味を生かせます。

　クラシックなフルーツサラダのほか、香味料、アルコール、花から抽出した水、こしょうやトンカ豆のスパイシーなノートでほのかに香り付けをした凝ったフルーツサラダもあります。美食を追求するなら、チュイール〔アーモンドクッキー〕、生クリーム、アイスクリームを添えて。大物シェフたちがフルーツサラダをヒントに考案した、エレガントなフルーツカルパッチョ、タルタル、ミネストローネもお忘れなく。

LES ENTREMETS

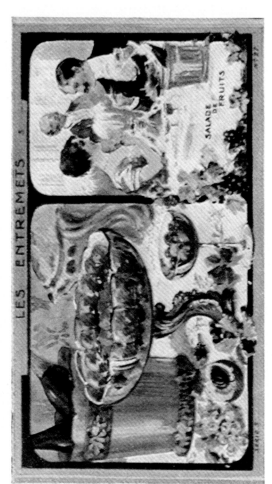

SALADE DE FRUITS

鴨肉のサルミ

SALMIS DE CANARD

　サルミは18世紀にさかのぼる料理で、当時、調理済みの肉を使った煮込みはサルミゴンディスと呼ばれていましたが、現在では鳥類のジビエ（鴨、鳩、キジ、ヤマウズラ、ヤマシギ）の煮込みを指します。調理はいくつかのステップに分かれます。まず3分の2程度ローストした肉を切り分け、アルマニャックでフランベします。鶏ガラ、皮、切り落としを香草類等と一緒にバターで炒め、ワインを注ぎ、ジビエのフォン〔用語集参照〕で煮込みます。さらにいくつかの段階を経てソースにコクを出してから、シノワ〔円錐形の濾し器〕で濾し、バターで仕上げます。再度火を入れた肉をクルトンの上に置き、キノコを添えて、ソースをかけます。調理に時間がかかるため、農家では冬用に大量に作って瓶詰めにしていました。

　今では南西部のアキテーヌ地域の名物料理で、主に地元の生産者が調理し、容器詰めにして殺菌処理します。この地方の高級食材はたいてい高級食品店の店頭や、生産農家のホームページで販売されています。渡り鳥の移動する秋の伝統的な狩りと深いつながりのあるモリバトのサルミは、ランド地方を代表する料理です。

SALMIS DE CANARD

クリーム風味のサルシフィ
SALSIFIS À LA CRÈME

サルシフィ〔西洋ゴボウ〕と、サルシフィの代用としてよく使われるブラックサルシフィは、地中海沿岸原産の根菜ですが、知名度はさほど高くありません。皮をむくのが一苦労な上、新鮮でなければ筋っぽいため、たいてい缶詰か冷凍状態で売られています。繊細でかすかに甘みがあって、ポタージュなどにもっと使われてもいい食材ですが、近年のいわゆる「忘れられた」野菜ブームにもかかわらず、まだ充分に評価されていません。もっぱらトピナンブール〔キクイモ〕、チョロギ、チャービルルートが再び注目を浴びていますが、それと言うのも、進取の気性に富んだ大物シェフたちのおかげです。著名なシェフ、アラン・パッサールは、シェフという仕事は庭仕事と切っても切り離せないと考え、3つの菜園で古代種を栽培して料理に使っています。きっと近いうちに、サルシフィも脚光を浴びることでしょう。

クリーム風味のサルシフィでは、まずレモンを加えた湯でサルシフィをゆで、クリームや肉汁を煮詰めたものと一緒にココット鍋で弱火で煮ます。最後にナツメグ少々をおろして加え、仔牛肉、豚肉、白身魚に添えれば、最高の一皿の出来上がりです。そのほかにもチーズとベシャメルソースでグラタン仕立てにしたり、カレー味にしたり、ニンニク入り刻みパセリと一緒にソテーしたりと、サルシフィで冬のユニークな付け合わせを楽しみましょう。

SALSIFIS
À LA CRÈME

Faites-les cuire à l'eau
salée, égoutez. Faites re-
venir dans du beurre.
Ajoutez de la farine, de
la crème, un peu de
muscade, salez et laissez
bouillir une minute.

TROP D'AMIS.

ペリグー風ジャガイモのスフレ

SOUFFLÉ DE POMMES DE TERRE À LA PÉRIGOURDINE

　17世紀までジャガイモは貧乏人の食べ物と考えられ、料理本でも肩身の狭い思いをしていました。けれども、このスフレでつましいジャガイモと一緒に使われるトリュフは、フランス国王さえもとりこにした食材です。ルイ14世はヴェルサイユ宮殿で舌鼓を打ち、ルイ15世はトリアノン宮殿で麗しい侯爵夫人たちのために自ら腕を振るいました。トリュフを心から愛した食通ブリア＝サヴァランも作家のアレクサンドル・デュマも、黒いダイアモンドと呼ばれたトリュフに尽きることのない賞賛の念を抱き続けました。

　ジャガイモとトリュフの美味な組み合わせは、フランス料理の定番中の定番になりましたが、これをスフレ仕立てにした南部ペリグー地方の料理が広まったのは最近のことです。背景には近代的オーブンの普及があります。その昔、繊細なスフレをうまく焼けるかどうかは、料理人のプライドあるいは恐怖の分かれ道だったのです。このレシピでは、丁寧に濾したマッシュポテトに、泡立てた卵白を加え、トリュフと混ぜます。同じペリグー風でもレシピによっては、フォワグラを混ぜる場合もあります。この3つの食材の組み合わせだけで、食通は胸をときめかせるのです。

SOUFFLÉ de POMMES de TERRE

キャベツのスープ
SOUPE AU CHOU

———————

アクセスが難しかった中央高地に位置するオーヴェルニュ地方の人々は何世紀もの間、もっぱら地元のものを食べてきました。やせた土地と厳しい気候のため、キャベツやジャガイモのような素朴な野菜が栽培されていて、家では豚を一頭飼うのがせいぜいでした。オーヴェルニュ地方の伝統的な料理は、力をつけてくれて、安くて、簡単に作れるものばかりです。

今でこそスープは様々な食材を使ったとろみのある液状の料理全般を指しますが、もともとは切り分けたパンにポタージュや煮込みを乗せた食べ物でした。パンを皿のようにして「スープ」を食べ、残りは奉公人や犬にやっていました。オーヴェルニュ地方を代表する料理の一つ、キャベツのスープもこうした田舎の習慣を反映しています。メインの食材であるキャベツに豚の脂や皮の味をしみ込ませ、ここにジャガイモ、ニンジン、タマネギを加え、コトコトと煮込んだ美味なブイヨンをパンにかけます。パンは農民の大切な基本食材の一つで、スープがメインディッシュになりえたのも、パンのおかげです。残ったブイヨンに赤ワインを加えて飲む古い習慣を、「シャブロ〔あるはシャブロル〕」と呼びます。

LES SOUPES DE FAMILLE

SOUPE AUX CHOUX

リンゴのタルト

TARTE AUX POMMES

　簡単に手早く作れるリンゴのタルトは、フランスのペストリーの定番中の定番で、家庭菓子の代表です。加熱向きの品種レネットやボスクープを使えば、一層おいしく仕上がります。薄くあるいは少し大きめに切ったり、コンポートにしたりしたリンゴを、甘いサブレ生地やパット・フイユテ〔何層にも成形されたパイ生地〕に入れて、砂糖、シナモンをふり、バター少々を乗せて焼くと、軽く焼き色の付いたタルトの出来上がりです。少し冷まして、ほどほどの温かさで食べると、さらに美味です。

　北東部アルザスのレシピでは、フラン〔p68参照〕の生地を加えてクリーミーでまろやかに仕上げます。フランスでは各地に独自のレシピやテクニックがありますが、乳製品とリンゴの古代種で名高い北西部のノルマンディー地方が本物のレシピを自負するのも納得です。バターと砂糖を使い、しばしばカルヴァドス〔リンゴの蒸留酒〕でフランベし、生クリームを添えたタルト・ノルマンド〔ノルマンディータルト〕は絶品ですが、これに劣らぬ逸品タルトはほかにもあります。中部ソローニュ地方ラモット＝ブーヴロン発祥のタルトタタンです。言い伝えによれば、タタンという名の女性が、うっかりミスからこのレシピを考案したとか。下になるはずの生地と上に来るはずのリンゴを間違って逆さまにして焼いたところ、型から外してみると、キャラメル色に焼けた砂糖漬けのようなリンゴに仕上がりました。タルトタタンは20世紀、高名な料理批評家キュルノンスキーによって紹介され、流行のお菓子となりました。

Le Pommier. — Le cidre, la tarte aux pommes.

テット・ド・ヴォー・アン・トルチュ
TÊTE DE VEAU EN TORTUE

　中世、お祝い事には、テット・ド・ヴォーと呼ばれる仔牛の頭肉や、脳みそ、胸腺などの内臓を使った料理が出されていました。仔牛の目も、中世の人々の大好物の一つでした。時代が下って19世紀に入る頃、元オータン司教で大物政治家となったタレーランは、仔羊の頭肉が大好物で、同時代の食通グリモ・ドゥ・ラ・レニエールも頭肉に目がなく、挑戦的にも「たった一頭の仔牛の頭に、20人分以上の女性の脳が詰まっている」と言い放ったとか。

　頭肉は昔から、ドイツ、イタリア、フランスの様々な地方で食されてきましたが、「アン・トルチュ〔カメ風〕」のレシピは、ベルギーのブリュッセルないしはリエージュで考案されたと言われています。ブリュッセルもリエージュもこの料理の元祖を自認しており、フライドポテトと一緒に食べます。料理名の由来はそのソースで、イギリスや北アメリカではこのソースを使ってウミガメを調理していました。レシピでは、仔牛肉の頭部半分を使います。骨を抜き、残った部分を巻いてから火を入れます。トルチュソースを作るには、セージ、タラゴン、バジル、ローズマリー、マヨナラ、タイム、ローリエの7つの香草を煮出し、トマト、キノコ、マデイラ酒を加えて煮詰め、軽くトウガラシを加えて味を引き締めます。頭肉を切り分け、オリーブを散らして、上からねっとりとしたソースをかければ出来上がりです。

TÊTE DE VEAU TORTUE – Cette conserve est l'une des principales dont s'occupe l'Usine Amieux-frères à Paris qui s'approvisionne aux célèbres Abattoirs de la Villette. De même que les "Tripes à la mode Caen" ou le "Cassoulet", cette conserve est prête à être mangée, après avoir été simplement réchauffée. (voir au verso).

TÊTE DE VEAU

TOUJOURS À MIEUX

SITUATION des 12 USINES AMIEUX FRÈRES TOUTES EN FRANCE

PARIS

NANTES

BORDEAUX

Régions approvisionnant les 12 Usines AMIEUX FRÈRES qui produisent par an 13 millions de boîtes et flacons

Lieux de production des légumes et viandes

カン風トリッパ

TRIPES À LA MODE DE CAEN

すでに11世紀、ノルマンディー公爵にしてイングランド王ウィリアム征服王は、リンゴジュースで調理したトリッパを楽しんでいました。当時、トリッパの調理や加熱は厳しく規制されており、専門の調理人同業組合のみに許されていました。フランスの美食遺産が誇る多くの料理の例にもれず、カン風トリッパのレシピも修道院で考案されました。北西部の都市、カンの男子修道院で厨房を担当していた修道僧シドワーヌ・ベノワがその発明主と言われています。

トリッパとは、牛などの反芻動物の第一胃から第四胃までを指します。これを湯がいてから、トリピエールと呼ばれる専用の土鍋に入れ、仔牛の足、香味料、調味料、シードルやシードルの蒸留酒を加えます。鍋にしっかりと蓋をしてから、最低12時間煮込みます。味の決め手は、いくつもの調味料と、絶妙なシーズニング。19世紀に郷土料理が流行すると、カン風トリッパのレシピもノルマンディー地方から各地へと広まりました。1952年にはこの名物料理を味わい、促進するための組合トリピエール・ドールがカンに設立されました。毎年世界コンクールが開かれ、最高のトリッパに賞が授与されます。

TRIPES à la MODE de CAEN (Normande)

ヴィネグレット、フレンチドレッシング
VINAIGRETTE FRENCH DRESSING

　今では単にヴィネグレットと呼ばれるいわゆるフレンチドレッシングは、プレーンな味のオイルとワインビネガーを混ぜて乳化させ、塩とこしょうで味付けしたものです。様々なバリエーションがあり、サラダや料理ごとに使い分け、いろいろなアルコールのヴィネガー、香り豊かなオイル、ハーブ、スパイス、マスタードをはじめとする調味料を使います。シーズニングは繊細な技術です。偉大なる食通ブリア＝サヴァランの『美味礼讃』には、19世紀に政治的理由からロンドンに追放されたダルビニャック騎士がヴィネグレットで一財産を築き上げた足跡が記されています。一躍「ファッショナブルなサラダメーカー」としてロンドンのお金持ちの間で引っ張りだことなったダルビニャック騎士は、たくさんの貴重な食材を入れたマホガニーの優雅なアタッシュケースを持って、助手を連れて専用馬車で移動し、顧客の邸宅でサラダを作っていました。アンチョビ、トリュフ、肉汁などを使って徐々に新たな味わいを広げ、流行に乗ると、自分のアタッシュケースの中身と同じものを作らせて、販売しました。

　現在ヴィネグレットはアングロ・サクソン系の人々の間でフレンチドレッシングと呼ばれていますが、この二つは全く同じというわけではありません。フランスではヴィネグレットにバルサミコ酢、シェリーヴィネガー、米酢など外国のヴィネガーを取り入れて、豊かな味わいを楽しんでいます。

ヴォ・ロ・ヴァン
VOL-AU-VENT

　中世、トゥルトと呼ばれるパイ包みの料理法が広がり、パテの
パイ包みなどが盛んに作られましたが、生地は重くてずっしりと
していました。18世紀、貴族御用達の名パティシエ、アントナ
ン・カレームはタンバル〔野菜、肉、魚の型詰め料理〕やクルス
タード〔揚げたパイ生地に詰め物をした料理〕を作るのに、厚
い生地ではなく、「オーブンから出したとたん、風に飛ばされて
しまう」ほど軽い折り込みパイ生地を使うことにしました。その
名も「ヴォ・ロ・ヴァン（風に吹かれて）」。フィナンシエールと呼
ばれる最も一般的な詰め物は、仔牛肉、セップ茸、脳みそで
作った繊細なクネル〔円形型にまとめたすり身〕と、フォン・ド・
ヴォー〔仔牛を使ったフォン〕、白ワイン、マデイラ酒、クリームを
合わせますが、そのほかにも肉、リ・ド・ヴォー〔仔牛の胸腺〕、
魚、エスカルゴ、キノコなど様々な詰め物があり、いずれもク
リームが入っています。ヴォ・ロ・ヴァンのミニサイズがブー
シェ・ア・ラ・レーヌ〔王妃の一口〕で、一人サイズのパイのア
イディアを思い付いたと言われるルイ15世妃マリー・レクザン
スカにちなんで命名されました。王妃は食欲旺盛なことで有名
ですが、もしかすると夫の不貞のなぐさめを食に見出していた
のかもしれません。ポーランド王でフランスに追放された父スタ
ニスワフ同様、彼女も美食を愛し、大好物のこの小さなパイ料
理をぺろりと食べていました。プティフール〔一口大のペスト
リー〕のようにプレートの上に並べると、とてもエレガント。現在
では高級ケータリングサービスのビュッフェでもよく出されます。

LES MEILLEURS RATÉS

Vol au vent

N° 19

SÉRIE 4

用語集

アベッス：めん棒や圧延機で薄く伸ばし、料理やペストリーに使う生地。

エマンセ：食材（果物、野菜、肉）などを薄切りにすること。

クールブイヨン：魚や甲殻類の調理に使うブイヨンで、香辛料、香味料、ヴィネガーやワインが入っている。

コンポテ：ごく弱火で長時間かけて肉料理を調理すること。肉が煮崩れ、コンポート状になる。

デゴルジェ：野菜を塩で覆って水分を抜くこと。また水や牛乳で肉の血抜きをすること。

ドレ：加熱したときに黄色く光るように、溶いた卵黄を食材に刷毛で塗ること。

バルデ：肉、家禽肉、魚を、帯状に薄く切った脂肪で包み、糸で縛ること。

ブイヨン・クラリフィエ：透明なブイヨン。鍋に卵白を入れて沸騰させ、アクなどを吸着させる。

フォン：いわゆるだし汁で、ソース等のベースになるもの。ブランは綴りによって「白」あるいは「茶色」を指す。白系のフォン・ブランは、鶏ガラと香り高い食材で作った澄んだブイヨン。アクを濾した後のブイヨンを調理に使ったり、ソース作りに使ったりする。ブラウン系のフォン・ブランは、主に仔牛をベースにしたフォン。

ブーケガルニ：タイム、ローリエ、パセリなど数種の香草を糸で縛ったもの（現代ではキューブ状）。液状の料理や煮込みの香り付けに使う。

ブランシール：生の食材を柔らかくしたり、余分な塩分を落としたり、皮むきしやすくなるように、数分間煮ること。

ポシェ：軽く煮立てた液体の中で食材を加熱すること。

マリネ：スパイス、ハーブ、調味料を加えた液（ワイン、ヴィネガー、油など）に食材を漬けておくこと。肉が柔らかくなり、魚や野菜に香りが付く。

ムイエ：調理中に水、ブイヨン、ワイン、アルコールなどを加えて水分を足すこと。

リソレ：肉や野菜をオイルやバターと一緒に加熱し、しっかりと焼き色を付けること。

ルヴェ・アン・フィレ：魚のフィレを中央の骨に沿って切ること（3枚おろし）。

ルヴニール：油分と共に強火で食材を炒め、キツネ色に焼くこと。

レデュイール：加熱し続けて水分を飛ばし、料理の食感をどっしりとさせ、風味を濃縮させること。煮詰め。

レゼルヴェ：調理したものや食材を、後で使うために横に置いておくこと。

もっと知りたい人のために

歴史的資料

Brillat-Savarin (Jean Anthelme), *La Physiologie du goût*, 1825.
〔ブリア=サヴァラン『美味礼讃』関根秀雄訳、白水社、1996年他〕

Casteau (Lancelot de), *Ouverture de cuisine*, 1604.

Dubois (Urbain) et Bernard (Émile), *La Cuisine classique*, 1856.

Dumas (Alexandre), *Le Grand Dictionnaire de la cuisine*, 1870.
〔アレクサンドル・デュマ『デュマの大料理事典』辻静雄、林田遼右、坂東三郎訳、岩波書店、1993年〕

Escoffier (Auguste), *Le Guide culinaire. Aide-mémoire de cuisine pratique*, 1901.
〔オーギュスト・エスコフィエ『エスコフィエ フランス料理』角田明訳、柴田書店、1969年〕

Gouffé (Jules), *Le Livre de cuisine*, 1867.

La Chapelle (Vincent), *Le Cuisinier moderne*, 1735.

La Varenne (François Pierre de), *Le Cuisinier françois*, 1651.
〔ラ・ヴァレンヌ『フランスの料理人：17世紀の料理書』森本英夫訳、駿河台出版社、2009年〕

Nostradamus, *Traité des confitures*, 1555.

Tirel (Guillaume dit Taillevent), *Le Viandier*, 1380.

現代の資料

Grand Larousse de la gastronomie, Larousse, 2007.

André (Jean-Louis), Cuisines des pays de France, Le Chêne, 2004.

Bouas (Florence) et Vivas (Frédéric), Du fait de cuisine. Traité de gastronomie médiévale de Maître Chiquart, 2008.

Ferracci-Porri (Michel) et Paoli (Maryline), Joyeuse Encyclopédie anecdotique de la gastronomie, Éditions Normant, 2012.

Loiseau (Bernard), Mes recettes de terroir, Albin Michel, 2000.

Pernaut (Jean-Pierre), La France des saveurs, Michel Lafon, 2007.

その他文中で言及された資料

フランソワ・ラブレー『ガルガンチュワとパンタグリュエル』全5巻、渡辺一夫訳、白水社 1943年〜他

エミール・ゾラ『ムーレ神父のあやまち』清水 正和，倉智 恒夫訳、藤原書店、2003年他

インターネットサイト

www.oldcook.com
www.750g.com
suite101.fr
www.france-pittoresque.com
www.keldelice.com
www.recettes-et-terroirs.com
maitrequeux.free.fr

www.restocours.net
www.marmiton.org
www.cuisinealafrancaise.com
www.boitearecettes.com
www.aftouch-cuisine.com
www.lemesturet.com

ねこ　　きのこ　　天使　　とり

バラ　　魔女　　薬草　　月

子ねこ　　花言葉　　マリー・アントワネット　　おとぎ話

占星術　　クリスマス

LE PETIT LIVRE DE LA FRANCE GOURMANDE

Toutes les images de cet ouvrage proviennent de la collection
privée des Éditions du Chêne.

Le Petit Livre de la France gourmande© Hachette-Livre, 2013
www.editionsduchene.fr

Responsable éditoriale : Valérie Tognali
avec la collaboration de Franck Friès
Suivi éditorial : Françoise Mathay,
assistée de Marion Dellapina
Directrice artistique : Sabine Houplain,
assistée de Claire Mieyeville et Audrey Lorel
Lecture-correction : Christine Barrely, Myriam Blanc
Partenariat et ventes directes : Claire Le Cocguen
clecocguen@hachette-livre.fr
Relations Presse : Hélène Maurice
hmaurice@hachette-livre.fr
Mise en page et photogravure : CGI

This Japanese edition was produced and published in Japan in 2023
by Graphic-sha Publishing Co., Ltd.
1-14-17 Kudankita, Chiyodaku,
Tokyo 102-0073, Japan

Japanese translation © 2023 Graphic-sha Publishing Co., Ltd.

Japanese edition creative staff
Translation: Hanako Da Costa Yoshimura
Text layout and cover design: Rumi Sugimoto
Editor: Yukiko Sasajima
Publishing coordinator: Satoko Yazawa
(Graphic-sha Publishing Co., Ltd.)

ISBN 978-4-7661-3760-6 C0076
Printed in China

著者プロフィール

ディアーヌ・ヴァニエ

カナダ北部とフランスのソローニュ地方やパリを行き来し、家族や友人のために料理をするのが一番の楽しみ。味はもちろん、目で見て楽しむことも重視し、自由なクリエイティビティを発揮する。著書に『ディアーヌの楽しいパーティー料理(*Diane nous invite à faire la fête*)』(日本未刊行)など。

ちいさな手のひら事典 フランスの食卓

2023年5月25日 初版第1刷発行

著者	ディアーヌ・ヴァニエ (© Diane Vanier)
発行者	西川 正伸
発行所	株式会社グラフィック社
	102-0073 東京都千代田区九段北1-14-17
	Phone: 03-3263-4318　Fax: 03-3263-5297
	http://www.graphicsha.co.jp
	振替: 00130-6-114345

制作スタッフ
翻訳:ダコスタ吉村花子
組版・カバーデザイン:杉本瑠美
編集:笹島由紀子
制作・進行:矢澤聡子 (グラフィック社)

ISBN978-4-7661-3760-6 C0076
Printed in China